T0208469

# essentials

*essentials* liefern aktuelles Wissen in konzentrierter Form. Die Essenz dessen, worauf es als „State-of-the-Art" in der gegenwärtigen Fachdiskussion oder in der Praxis ankommt. *essentials* informieren schnell, unkompliziert und verständlich

- als Einführung in ein aktuelles Thema aus Ihrem Fachgebiet
- als Einstieg in ein für Sie noch unbekanntes Themenfeld
- als Einblick, um zum Thema mitreden zu können

Die Bücher in elektronischer und gedruckter Form bringen das Expertenwissen von Springer-Fachautoren kompakt zur Darstellung. Sie sind besonders für die Nutzung als eBook auf Tablet-PCs, eBook-Readern und Smartphones geeignet. *essentials:* Wissensbausteine aus den Wirtschafts-, Sozial- und Geisteswissenschaften, aus Technik und Naturwissenschaften sowie aus Medizin, Psychologie und Gesundheitsberufen. Von renommierten Autoren aller Springer-Verlagsmarken.

Weitere Bände in dieser Reihe http://www.springer.com/series/13088

Julia Hitzenberger · Susanne Schuett

# Führungsstark in Kindertageseinrichtungen

## Wertschätzung als neues Erfolgsprinzip für Kita-Leitungen

# Vorwort

Kitas sind in der Krise, in einer gewaltigen Wertschätzungskrise: „Bollerwagen ziehen kann doch Jede!", „Den ganzen Tag mit Kindern spielen und Kaffee trinken, und dafür werden die Basteltanten auch noch bezahlt?!". Unsere Gesellschaft weiß nicht und unterschätzt, was Kita-Leitungen und ihre Mitarbeiter/-innen tagtäglich für unsere Gesellschaft leisten – und das inzwischen an der Belastungsgrenze.

Dieses *essential* unterstützt Kita-Leitungen bei der Bewältigung der wachsenden Führungsherausforderungen und Belastungen am Arbeitsplatz Kita. Es basiert auf unserem Praxis-Handbuch *„Mitarbeiterführung in Krippe, Kindergarten & Hort: Angewandte Psychologie für die erfolgreiche Kita-Leitung"* (Springer 2016) und liefert einen kompakten Überblick über das neue Erfolgsprinzip „Wertschätzung" für ein effektives Führen in Kindertageseinrichtungen.

Kita-Leitungen brauchen heute eine ganz besondere „Führungsstärke", um ihre Mitarbeiter/-innen sowie die in ihren Einrichtungen betreuten Kinder und deren Eltern erfolgreich durch die Wertschätzungskrise zu führen. Nach dem neuen Erfolgsprinzip „Von Wertschätzung zu Wertschöpfung" zeigt unser *essential* in aller Kürze fünf konkrete Schritte auf, wie Kita-Leitungen ihre Mitarbeiter/-innen erfolgreich an ihre Einrichtung binden, qualifizieren, gesund erhalten, motivieren und zufrieden machen. Dies hilft, das „Leben und Arbeiten" sowie die Qualität der Frühpädagogik in Krippe, Kindergarten und Hort zu verbessern, und zwar nachhaltig.

Die „Fünf Schritte zur erfolgreichen Kita-Leitung" wurden entwickelt und erprobt auf Basis 1) der neuesten Erkenntnisse und Methoden der Arbeits- und Organisationspsychologie, der Bildungsforschung, der systemischen Sichtweise und der gewaltfreien Kommunikation, 2) zahlreicher wissenschaftlicher Interviews mit Kita-Leitungen, Mitarbeiter/-innen in Krippe, Kindergarten und Hort verschiedenster Größen und Träger sowie 3) der eigenen professionellen Erfahrung sowohl als Kita-Leitung als auch als Kita-Mitarbeiterin.

Unser *essential* richtet sich an alle Kita-Leitungen sowie an alle, die es irgendwann einmal werden möchten. Gleichzeitig ist das Buch natürlich auch von Interesse für alle Mitarbeiter/-innen der verschiedenen Kita-Berufsgruppen sowie für all diejenigen, die noch in Ausbildung sind. Außerdem ist das Buch gedacht für alle Träger von Bildungseinrichtungen und deren Personalmanagement sowie natürlich auch für diejenigen, die Bildungseinrichtungen und deren Leitungen, Mitarbeiter/-innen und Träger beraten. Deshalb wird auf wissenschaftlichen Jargon ebenso bewusst verzichtet wie auf die klassisch-wissenschaftliche Zitierweise. Ein vollumfängliches Verzeichnis der verwendeten und auch zum Weiterlesen empfohlenen Literatur finden Sie am Ende des Buches – ebenso wie eine Auswahl einiger exzellenter „Ressourcen für Kita-Leitungen".

Wir hoffen, dass dieses *essential* (mit einem kompakten Überblick) – wie auch unser Praxis-Handbuch *„Mitarbeiterführung in Krippe, Kindergarten & Hort"* (mit den vertiefenden und weiterführenden praxisnahen und konkreten (in Kitas erprobten und bewährten!) Handlungsempfehlungen, Anleitungen, Beispielen, Abbildungen, Arbeitsmaterialien und Übungen) – das „Leben und Arbeiten" und die frühpädagogische Qualität in Kitas tatsächlich entscheidend verbessern hilft.

An dieser Stelle möchten wir uns erneut für die großartige Unterstützung unserer Familien herzlich bedanken, ebenso wie bei allen Unterstützer/-innen, Kolleg/-innen und Student/-innen unserer bisherigen universitären bzw. professionellen Wirkungsstätten in Deutschland, England, Frankreich, Österreich und den USA, nämlich der Ludwig-Maximilians-Universität München, University of Durham, Université de Nantes, Universität Wien und University of California San Diego, sowie den Kitas der Diakonie Jugendhilfe Oberbayern, der Landeshauptstadt München, privater Eltern-Kind-Initiativen und der Diakonie Bildung Wien. Außerdem geht unser Dank an Herrn Joachim Coch und Frau Jennifer Ott vom Springer-Verlag für die (erneut) exzellente und unkomplizierte sehr gute Zusammenarbeit.

München, Deutschland                                          Julia Hitzenberger
Wien, Österreich                                                   Susanne Schuett
im Frühjahr 2016

# Inhaltsverzeichnis

# Die Autorinnen

**Julia Hitzenberger B.A., M.A.** ist Pädagogin und Leiterin einer großen Kindertagesstätte in München. Ausgebildet in Deutschland, Österreich und Frankreich, ist sie seit mehreren Jahren als Kita-Leitung und zuvor als frühpädagogische Fachkraft tätig. Ihre Schwerpunkte sind das Personal- und Bildungsmanagement in der Frühpädagogik sowie Weiterbildung, Coaching und Beratung von pädagogischen Fach- und Führungskräften und Eltern. Kontakt: Julia Hitzenberger, München, julia.hitzenberger@online.de

**Dr. Susanne Schuett Ph.D.** promovierte Diplom-Psychologin, forscht und lehrt seit vielen Jahren im Bereich Altern, Gesundheit und Organisation. Wissenschaftlich ausgebildet in Deutschland, Großbritannien und den USA, gilt ihr Arbeits- und Forschungsinteresse den neuen Dynamiken des Alterns, beim Einzelnen und in Unternehmen. Susanne Schuett ist Autorin von „Führung im demografischen Wandel" und „Demografie-Management in der Praxis". Kontakt: Susanne Schuett, Wien, susanne.schuett@univie.ac.at

# Problem: Kitas in der Wertschätzungskrise: „Denn sie wissen nicht, was wir tun…"

**Kita leiten ist nicht einfach** Eine Kindertageseinrichtung zu leiten ist nicht einfach. Ganz im Gegenteil. Vor allem die Mitarbeiterführung in Kitas ist eine äußerst anspruchsvolle Aufgabe, die sich „nicht einfach nebenbei" erledigt. Vor allem nicht an einem Arbeitsplatz, an dem jeder Tag anders ist und an dem so viele „Anspruchsgruppen" aufeinandertreffen, die es – meist in der Doppelrolle als Leitung und Teamkollegen/-innen – zu managen gilt: die eigenen Mitarbeiter/-innen, die betreuten Kinder und deren Eltern sowie letztlich auch die Träger der Einrichtung. Mitarbeiterführung und Personalmanagement gehören also genauso zum Arbeitsalltag wie Beziehungsarbeit mit den Kindern und deren Eltern, Management der Bildung, Erziehung, Betreuung sowie natürlich auch Organisations- und Finanzmanagement, Verwaltungsaufgaben und Öffentlichkeitsarbeit. Außerdem wird das dafür notwendige Wissen und Können in der Ausbildung frühpädagogischer Fachkräfte kaum vermittelt. Deshalb ist „Kita-Leitung werden bzw. sein" nicht nur für sich genommen schon eine große Herausforderung.

**„Und dafür werden die Basteltanten auch noch bezahlt?!?"** Die Frühpädagogik ist in der Krise – in einer gewaltigen Wertschätzungskrise. Das, was Kita-Leitungen und ihre Mitarbeiter/-innen durch ihre frühpädagogische Bildungsarbeit tagtäglich geben (und das inzwischen an der Belastungsgrenze) – nämlich den Kindern, Eltern, Kollegen/-innen, Trägern und letztlich unserer gesamten Gesellschaft – bekommen sie nicht zurück, weder in Form von Anerkennung noch in Form von finanzieller Entlohnung. Gleichzeitig stehen auch die steigenden Leistungs- und Qualitätsansprüche an die frühpädagogische Bildungsarbeit, vor allem seitens der Eltern, Politik und Gesellschaft, einer fehlenden Unterstützung und Wertschätzung gegenüber. Der mittlerweile sprichwörtliche Vorschlag, die sogenannten „Schlecker-Frauen" zu Erzieher/-innen für den Einsatz

© Springer Fachmedien Wiesbaden 2017
J. Hitzenberger und S. Schuett, *Führungsstark in Kindertageseinrichtungen*,
essentials, DOI 10.1007/978-3-658-15427-1_1

in Kitas umzuschulen, spricht Bände. Entsprechend fühlen sich Kita-Leitungen und ihre Mitarbeiter/-innen kaum von der Politik unterstützt. Außerdem herrscht in den Köpfen unserer Gesellschaft nach wie vor das Bild der „Basteltante", die nicht viel können braucht, denn „Bollerwagen ziehen kann doch Jede!", außerdem „beginnt das Lernen fürs Leben erst in der Schule", und gemütlich ist es am „Arbeitsplatz Kita" ja auch: „Den ganzen Tag mit Kindern spielen und Kaffee trinken – dafür werden die auch noch bezahlt?!?"

**Kita-Leitungen und ihre Mitarbeiter/-innen: Unterschätzt und vernachlässigt** „Von der Gesellschaft unterschätzt, von der Politik vernachlässigt" – so lautet der vielsagende Titel und auch das Ergebnis der neuesten Studie zur Wertschätzung und Anerkennung von frühpädagogischen Fach- und vor allem Leitungskräften (Deutsche Kinderhilfe und Wolters Kluwer Deutschland, 2015). Dieses Ergebnis ist umso dramatischer, wenn man die zentrale Bedeutung von Kita-Leitungen und ihren Mitarbeiter/-innen für unsere Gesellschaft bedenkt. Kitas ermöglichen nicht nur Vereinbarkeit von Familie und Beruf, sondern sie sind letztlich die Wiege der Zukunft unserer Kinder und Gesellschaft. Kita-Leitungen und ihre Mitarbeiter/-innen sind nicht nur verantwortlich für die Bildung, sondern auch für die Erziehung und Betreuung unserer Kleinsten, und das auf höchstem Niveau. Mit ihrer frühpädagogischen Arbeit legen sie den Grundstein für das in unserer Gesellschaft immer wichtiger werdende „Lebenslange Lernen" bzw. für die weiteren (schulischen) Bildungserfolge von Kindern sowie die Entwicklung ihrer Alltagskompetenzen und Persönlichkeitsentwicklung.

**Mütterlichkeit als Achillesferse der Fachlichkeit (und Wertschätzung)?** Die so wichtige und qualitativ hochwertige frühpädagogische Bildungs-, Erziehungs- und Betreuungsarbeit – geschweige denn die Leitungsarbeit der Kita-Leitungen! – scheint in unserer Gesellschaft kaum gesehen zu werden und nur die Wenigsten wissen etwas Genaueres darüber. Möglicherweise liegt es an der „Produktlosigkeit" frühpädagogischer Arbeit und der fehlenden Transparenz und Information über die individuell und gesellschaftlich so wichtigen Leistungen der Kitas. Vielleicht können diese deshalb oftmals auch gar nicht gesehen werden. Erschwerend hinzu kommt die Problematik der „Mütterlichkeit als Achillesferse der Fachlichkeit" (Ursula Rabe-Kleberg) in einem Berufsfeld, in dem überwiegend weibliche Beschäftigte tätig sind. Damit ist die enge Verbindung zwischen frühkindlicher Bildung und Weiblichkeit bzw. Mütterlichkeit gemeint, die nicht nur die Professionalisierung des Erzieherberufes, sondern auch seine Wertschätzungskrise verschärft: Zum einen herrschen noch große Vorbehalte gegenüber der außerfamiliären Betreuung von Kindern unter drei Jahren; zum anderen wird die Weiblichkeit, oder gar die eigene Mutterschaft (!), weiterhin als vermeintliche Voraussetzung und besondere Qualifikation für den Erzieherberuf gesehen. Da diese berufliche Tätigkeit nach wie vor als „weibliche Tätigkeit" gilt (wie die Hausarbeit und Kindererziehung), wird diese leider, ebenso wie jede andere „weibliche Tätigkeit", immer noch nicht entsprechend gesehen und wertgeschätzt.

**Gratifikationskrise: zu viele Anforderungen für zu wenig Anerkennung** Und genau diese zu hohen Anforderungen und Belastungen auf der einen Seite und die zu wenige Anerkennung und Belohnung auf der anderen Seite haben zu einer Gratifikationskrise im Erzieherberuf geführt. Darunter leidet nicht nur die Qualität in frühpädagogischen Bildungseinrichtungen, sondern auch die Kita-Leitungen und ihre Mitarbeiter/-innen – und zwar im Sinne ihrer Bindung an die Einrichtung (Problem: steigende Fluktuation!), ihrer Gesundheit (Problem: hohes Krankheits- und Burn-out-Risiko!), ihrer Motivation und Zufriedenheit (Problem: sinkende Motivation und Zufriedenheit, innere Kündigung!).

**Wertschätzung und Gehalt in Kitas: Geld ist nicht alles, oder doch?** Trotz der idealistischen Berufswahlmotive von Kita-Leitungen und ihren Mitarbeiter-/innen geht es bei dieser Wertschätzungs- bzw. Gratifikationskrise zwar nicht nur, aber eben auch, um (mehr) Geld. Die Kluft zwischen gefühlter und bezahlter Wertschätzung drückt sich für Kita-Leitungen und ihre Mitarbeiter-/innen natürlich auch im Gehalt aus. Schließlich ist es ein „harter Job", der immer anspruchsvoller wird (individuelle Erziehungsarbeit, frühkindliche Förderung, gesunde Ernährung, Integrationsarbeit, Entwicklung pädagogisch wertvoller Konzepte, Weiterbildung – um nur einige der vielen Facetten zu nennen), sich immer schneller verändert und auch dementsprechend entlohnt werden sollte. Obwohl dieser Beruf ähnlich anspruchsvoll ist wie die Arbeit in Grundschulen, wenn nicht sogar anspruchsvoller (Kita-Arbeit umfasst nicht nur Bildung, sondern auch Erziehung und Betreuung!), ist die Bezahlung viel schlechter. Die Mehrheit der Kita-Leitungs- und Fachkräfte sehen sich nicht angemessen honoriert. Zwar ist „Geld nicht alles" und macht auch alleine noch keine Arbeitszufriedenheit. Jedoch ist ein angemessenes Einkommen eine wichtige Form der Anerkennung und Wertschätzung für die erbrachten Arbeitsleistungen, und das nicht nur in Kitas.

**Wenn nur das Fremdbild nicht wäre** Die wahrscheinlich größte Nicht-Wertschätzung für pädagogische Fachkräfte ist das in Bezug auf ihren Beruf stark auseinanderdriftende Fremdbild und Selbstbild. Der vermeintlich ganztägige

„Bastel- und Spielepaß" sowie „Bollerwagen ziehen kann doch Jede!" stehen als hartnäckiges gesellschaftliches Vorurteil und Fremdbild einem gesellschaftlich höchst verantwortungsvollen und wichtigen Beruf gegenüber, der zudem äußerst fordernd und belastend ist (Selbstbild).

**Außerdem verändert sich unsere Gesellschaft** Die Wertschätzungskrise in der Frühpädagogik wird dann auch noch zusätzlich dadurch verschärft, dass sich unsere Gesellschaft verändert, und damit sowohl die frühpädagogischen Fachkräfte als auch die betreuten Kinder und deren Eltern. Dementsprechend steigen die Ansprüche, Anforderungen und auch die Belastungen am „Arbeitsplatz Kita". Denn Kita-Leitungen und ihre Mitarbeiter/-innen sind konfrontiert mit einer sich wandelnden Gesellschaft, die immer älter und weniger („demografischer Wandel") und gleichzeitig vielfältiger wird, d. h. die mehr und mehr geprägt ist von verschiedenen Kulturen, Sprachen, Religionen, Traditionen, Lebensstilen, Vorstellungen von Werten und Ethik („multikulturelle Gesellschaft"), die außerdem weiterhin geprägt ist von Leistung („Leistungsgesellschaft"), von einem wachsenden Einfluss und Stellenwert der (neuen) Medien („Mediengesellschaft") und, nicht zu vergessen, von einem neuen Bild vom Kind.

**Kinder und Eltern als neue Anspruchsgruppen** Die heutigen Kinder fordern – ebenso wie ihre Eltern – die Kita-Mitarbeiter/-innen und ihre Leitungen viel mehr als früher. Letzteres ist keinesfalls zu vernachlässigen, wenn man bedenkt, dass Eltern (und nicht die Kinder!) den subjektiv größten Einfluss auf die tägliche Kita-Arbeit haben. Vor allem Kita-Leitungen verbringen einen entsprechend großen Teil ihrer Zeit mit der Beziehungsarbeit mit den Eltern. Jedenfalls haben sich beide, Eltern wie Kinder, vor allem in den letzten Jahren zu ganz neuen Anspruchsgruppen verändert.

**Neues Eltern-Phänomen: „too good mothering" & „Helikopter-Eltern"** Dies bezieht sich weniger auf die Kinder und Eltern aus sozial schwachen Milieus, sondern vielmehr auf die meist sehr gut ausgebildeten Mütter und Väter der Mittelschicht, die vom sog. *„too good mothering"* betroffen sind. Diese, leider immer mehr werdenden, „zu guten Mütter und Väter" überversorgen, überbehüten und überverwöhnen ihre Kinder, weil sie „nur das Beste" wollen. Die Kinder werden zum Mittelpunkt der Familie, zum Lebensprojekt – mit dem leider meist gegenteiligen Effekt, dass ihnen dies eher schadet als gut tut. Ähnliches gilt für die sog. „Helikopter-Eltern", die wie ein Helikopter um ihre Kinder herumfliegen und sie immer überwachen und bei ihnen sind. Aus diesem Erziehungsverhalten heraus, welches sich immer mehr verbreitet, entwickeln sich Kinder, die keine Grenzen kennen.

**Neues Kinder-Phänomen:** *„enfants tyrans"* In Frankreich spricht man hierbei von der Entwicklung vom *„enfant roi"* zum *„enfant tyran"* – übersetzt heißt das, vom verwöhnten Kind zum sog. „Tyrannen-Kind". Dass Kinder zu „Tyrannen" werden, die jedes Bedürfnis erfüllt bekommen wollen und dafür schlaue Strategien entwickeln, ist jedoch nicht den Kindern geschuldet, sondern der Erziehung ihrer Eltern. Und diese „zu guten Mütter und Väter" sowie die „Helikopter-Eltern" mit ihren kleinen, grenzenlosen „Tyrannen" konfrontieren dann die Kita-Teams mit ganz neuen Herausforderungen.

**Führungsstärke für Kita-Leitungen** Angesichts der Wertschätzungskrise und der sie verschärfenden gesellschaftlichen Veränderungen brauchen Kita-Leitungen heute eine ganz besondere „Führungsstärke", um ihre Mitarbeiter/-innen sowie die in ihren Einrichtungen betreuten Kinder und deren Eltern erfolgreich durch die Wertschätzungskrise und den gesellschaftlichen Wandel zu führen. Kita-Leitungen spielen eine Schlüsselrolle in der Entwicklung der Bildungs-, Erziehungs- und Betreuungsqualität ihrer jeweiligen Einrichtung. Letztlich geht es darum – vor allem in Zeiten des Fachkräftemangels (laut der Bertelsmann Stiftung (2014) fehlen in Deutschland ca. 120.000 (!) pädagogische Fachkräfte in Vollzeit) – die Mitarbeiter/-innen erfolgreich an die jeweilige Einrichtung zu binden, zu qualifizieren, gesund zu erhalten, zu motivieren und zufriedenzustellen. Denn nur qualifizierte, gesunde, motivierte und zufriedene Fachkräfte sichern und verbessern sowohl ein gutes „Leben und Arbeiten" am „Arbeitsplatz Kita" als auch, und nicht zuletzt, die Qualität der frühkindlichen Bildung, Erziehung und Betreuung in Krippe, Kindergarten und Hort, und zwar nachhaltig.

# Lösung: Mehr Wertschätzung, bitte! oder was Kita-Mitarbeiter/-innen wirklich wollen

## 2.1 Wertschätzung in Kitas: Die Basics

**Warum Wertschätzung in Kitas?** Warum sollten Sie sich als Kita-Leitung mit „Wertschätzung" beschäftigen? Was hat das Leiten einer Kita bzw. das Führen der Mitarbeiter/-innen mit Wertschätzung zu tun, werden Sie sich vielleicht fragen. Aus der (eigenen) Praxis und Forschung wissen wir, dass Wertschätzung eine besondere und zentrale Rolle in frühpädagogischen Bildungseinrichtungen spielt. Warum? Wertschätzung ist generell und überall wichtig – vor allem in der Arbeit mit Menschen, und noch vielmehr in der Bildung und Erziehung von Kindern. Nicht zu vergessen ist die Wertschätzung in der Zusammenarbeit mit den Eltern, die neben der Team- und Leitungsarbeit höchste Empathie und Sensibilität erfordert. Wertschätzung ist somit das Kernstück frühpädagogischer Arbeit und findet in der Kita auf unterschiedlichen Ebenen statt. Mitarbeiter/-innen erleben und empfangen Wertschätzung von der Leitung, den Teamkolleg/-innen, den Eltern und – nicht zu unterschätzen – von sich selbst.

**Die Bedeutung von Wertschätzung** Was ist nun aber Wertschätzung konkret? Nach Carl Rogers (1972) ist Wertschätzung unbedingt und positiv und eng mit dem Begriff der Empathie verbunden. Jemanden wertzuschätzen bedeutet, sich empathisch in die Empfindungen der/s Anderen einzufühlen und sie/ihn – unabhängig von Allem – zu respektieren. Aus Forschung und Praxis wissen wir, dass Wertschätzung in Kitas vier zentrale Bedeutungen hat, nämlich: Anerkennung von Vielfalt, Haltung, Kommunikation und Grenzakzeptanz. Der in Abb. 2.1 abgebildete Baum der Wertschätzung veranschaulicht das System der Wertschätzung in Kitas. Die Wurzeln symbolisieren Haltung und Werte, während der Stamm die Art, wie Wertschätzung gegeben wird (nämlich durch Kommunikation und Mitarbeiterführung),

© Springer Fachmedien Wiesbaden 2017
J. Hitzenberger und S. Schuett, *Führungsstark in Kindertageseinrichtungen*, essentials, DOI 10.1007/978-3-658-15427-1_2

# Der Baum der Wertschätzung

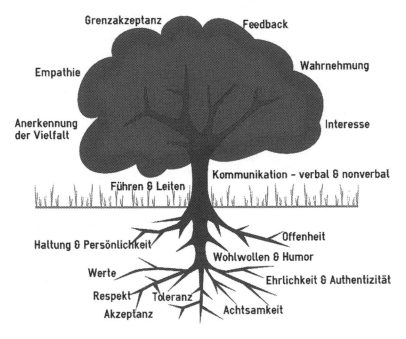

**Abb. 2.1** Der Baum der Wertschätzung

darstellt. Die Äste zeigen konkret, durch welche Handlungen Ihre Kita-Mitarbeiter/-innen Wertschätzung spüren – nämlich durch Interesse, Wahrnehmung, Feedback, Empathie, Grenzakzeptanz und die Anerkennung von Vielfalt.

**Was macht Wertschätzung mit Ihren Mitarbeiter/-innen?** Was sind nun die konkreten Effekte und der Nutzen von Wertschätzung? Wertgeschätzte Kita-Mitarbeiter/-innen sind motivierte und zufriedene Mitarbeiter/-innen, die gerne an den Arbeitsplatz Kita kommen, ihre Arbeit mit viel Einsatz und Engagement erledigen und nachhaltig an Ihre Kita gebunden sind. Außerdem: Wenn es Ihren Mitarbeiter/-innen gut geht, dann geht es auch den bei Ihnen betreuten Kindern gut, wodurch wiederum die Qualität der pädagogischen Arbeit verbessert wird. Motivierte Mitarbeiter/-innen entwickeln sich weiter, verbessern ihre Kompetenzen, was sich in der Leistungsqualität Ihrer Kita zeigt.

## 2.2  Wertschätzung von der Leitung: Wertschätzende Führung

**Jede(r) Mitarbeiter/-in zählt!** Wertschätzung von der Leitung bzw. wertschätzende Führung bedeutet, alle Mitarbeiter/-innen gleichermaßen anzuerkennen und wertzuschätzen im Sinne von: „Jede(r) Mitarbeiter/-in zählt und ist wichtig!" Doch wie können Sie die Vielfalt im Team anerkennen und wertschätzen? Noch dazu werden aufgrund des gesellschaftlichen Wandels die Kita-Teams immer vielfältiger: Unterschiedliche Altersstufen, Ausbildungsbiografien, kulturelle Hintergründe, Bildungs-, Erziehungs- und Betreuungsstile sind an der Tagesordnung. Letztlich geht es darum, eine Haltung der Toleranz, Akzeptanz, Neutralität und des Respekts anzunehmen. Sie als Leitung sollten dementsprechend jede/n Mitarbeiter/-in gleichermaßen wertschätzen, unabhängig von persönlichen Vorlieben. Kita-Mitarbeiter/-innen wünschen sich, so akzeptiert zu werden, wie sie sind – mit all ihren Schwächen und Stärken. Wertschätzend zu leiten bedeutet daher vor allem, neutral, individuell und gerecht zu führen statt manche Mitarbeiter/-innen zu bevorzugen oder unfair zu behandeln.

**Kommunikation, Kommunikation, Kommunikation!** Eine wertschätzende Kita-Leitung kommuniziert wertschätzend. Die wertschätzende Kommunikation stellt den Kern wertschätzender Führung dar. Kommunikation transportiert Wertschätzung und mit Interesse beginnt die Wertschätzung. Denn erst müssen Sie sich dafür interessieren, was Ihre Mitarbeiter/-innen tun, was sie können und leisten und was sie im Speziellen ausmacht. Wenn Sie ihnen Ihr Interesse zeigen, nachfragen und ehrlich zuhören, vermittelt das Ihren Mitarbeiter/-innen Wertschätzung. Ihr Team wünscht sich von Ihnen als Leitung, gesehen zu werden. Sie sollten Stärken wie Schwächen kennen und ein entsprechend offenes und ehrliches Feedback geben. Feedback ist ein Weg, um das, was sie tatsächlich von Ihren Mitarbeiter/-innen denken und wissen, auch zurück zu spiegeln und für sie transparent zu machen. Oftmals sind Führungskräfte mit ihren Mitarbeiter/-innen sehr zufrieden. Jedoch wissen dies diejenigen, die es betrifft, meist nicht, weil es ihnen nie gesagt wird. Damit geht wichtige Wertschätzung verloren. Es genügt oft schon ein morgendliches kurzes Gespräch, ein Nachfragen über das Befinden oder etwas zu thematisieren, von dem Sie wissen, dass es für die/den Mitarbeiter/-in wichtig ist. Positives sollten Sie loben und Kritik möglichst wertschätzend üben.

**Ohne Mitarbeiterbeteiligung ist alles nichts!** Der dritte Pfeiler der Wertschätzung durch die Leitung ist die Mitarbeiterbeteiligung und die partizipative Führung. Fachkräfte in der Kita wünschen sich nichts mehr als teilhaben zu dürfen und beteiligt zu werden, indem sie sich einbringen und mitentscheiden dürfen. Beteiligung und das Übertragen von Verantwortung macht Ihre Mitarbeiter/-innen zufrieden und motiviert. Nicht nur werden sich Ihre Mitarbeiter/-innen wertgeschätzt fühlen, auch Sie profitieren davon, da Sie Aufgaben und Verantwortung abgeben können und die Selbstständigkeit und Selbstverantwortung Ihrer Mitarbeiter/-innen fördern. Partizipative Führung heißt zudem: Vertrauen statt Kontrollieren und hinter dem Team stehen! Denn nichts vermittelt mehr Wertschätzung wie die Verteidigung Ihres Teams.

## 2.3    Wertschätzung von Teamkollegen/-innen: Wertschätzendes Teamklima

**Eine(r) für alle, alle für eine(n)!** Kita-Mitarbeiter/-innen fühlen sich wohl, wenn sie ein wertschätzendes Teamklima wahrnehmen, in dem jede/r als Teil des Teams gleichermaßen wertgeschätzt wird, auch wenn die Mitglieder des Teams unterschiedlich sind. Anerkennung der Vielfalt im Team muss im Rahmen der Team-Ebene von den Mitarbeiter/-innen selbst untereinander gegeben werden. Wenn Sie als Leitung allein die Vielfalt im Team anerkennen, sie aber im Team untereinander fehlt, werden Sie trotzdem unglückliche Teammitglieder haben. Die Fachkräfte wünschen sich von den Kolleg/-innen, dass man sich gegenseitig betreffend der fachlichen Kompetenz vertraut, sich Respekt entgegenbringt und die unterschiedlichen Arbeitsweisen akzeptiert und alle Teammitglieder gleichwertig behandelt werden. Ein wertschätzendes Teamklima entsteht, wenn das Team das Gefühl vermittelt bekommt, dass alle gleich viel wert sind und dass die Teamkolleg/-innen füreinander einstehen.

**Sehen und gesehen werden!** Auch innerhalb des Teams haben Kita-Mitarbeiter/-innen das Bedürfnis und den Wunsch nach wertschätzender Kommunikation. Das heißt, dass Wertschätzung dann empfunden wird, wenn sich Kolleg/-innen gegenseitig sehen und füreinander interessieren: d. h. wenn man der/m Anderen Interesse zeigt, nachfragt, fühlt sich die Person wertgeschätzt und wichtig genommen. Zudem empfinden Kita-Mitarbeiter/-innen Wertschätzung, wenn sich ihre Kolleg/-innen mit ihnen fachlich austauschen möchten, wenn sie ab und an Feedback bekommen und ein freundlicher und höflicher Umgangston im Team da ist. Schließlich wird die Teamzusammenarbeit gefördert, indem im Team wertschätzend miteinander kommuniziert wird.

**Konflikte managen, mit Feingefühl und Höflichkeit!** Ebenso zentral für die Wertschätzung im Kita-Team ist ein feinfühliges und höfliches Konfliktmanagement, welches auf wertschätzendem Umgang beruht. Insbesondere in Teams, in denen mehrheitlich Frauen arbeiten, werden Konflikte und Probleme innerhalb des Teams und mit Eltern oft nicht direkt angesprochen und geklärt. Vielmehr gären Konflikte vor sich hin und werden hinter dem Rücken der betroffenen Personen thematisiert. Doch gerade solche Umgangsweisen führen dazu, dass sich die Teamkolleg/-innen nicht wertgeschätzt fühlen und sich das Teamklima negativ auflädt. Ebenso die Qualität der Betreuung und Bildung der Kinder leidet darunter, da die Energie und Aufmerksamkeit von den Kindern abgelenkt und die eigenen Ressourcen geschwächt werden. Zu einem wertschätzenden Konfliktmanagement gehört, Konflikte offen und ehrlich anzusprechen, miteinander statt übereinander zu reden und ein hoher Grad an Sensibilität. Eine sensible Konfliktkultur ist die Voraussetzung für eine konstruktive Zusammenarbeit im Team.

## 2.4   Wertschätzung von den Eltern: Wertschätzende Erziehungspartnerschaft

**Erziehungspartner auf Augenhöhe statt „Dienstmädchen"!** Die Beziehung zwischen Ihren Mitarbeiter/-innen und den Eltern ist im Rahmen des Kerngeschäfts – nämlich der Bildung, Erziehung und Betreuung der Kinder – ein zentraler Baustein. Leider passiert es immer wieder, dass manche Eltern Erzieher/-innen mehr als „Dienstmädchen" wahrnehmen und nicht als Erziehungspartner/-in auf Augenhöhe. Ihre Mitarbeiter/-innen möchten aber als Erziehungspartner/-innen anerkannt werden und von den Eltern für ihre Arbeit und tagtägliche Leistung wertgeschätzt werden. Dazu gehört gegenseitige Wertschätzung, Achtung und Respekt, Anerkennung der Fachkompetenz sowie Verbindlichkeit und Vertrauen. Diese professionelle Partnerbeziehung kann als Grundvoraussetzung für eine wertschätzende Erziehungspartnerschaft angesehen werden, wovon wiederum die Qualität der Bildung und Entwicklung der Kinder profitiert. Erziehungspartnerschaften brauchen gegenseitiges Interesse, Achtung und Respekt sowie Vertrauen und vor allem Verbindlichkeit.

**Der Ton macht die Musik!** Ein wichtiger Teil der wertschätzenden Erziehungspartnerschaft stellt die Art und Weise der Kommunikation zwischen Eltern und
Pädagogen/-innen dar. Nicht nur das, WAS Eltern Ihren Mitarbeiter/-innen sagen,
sondern vor allem das WIE zeigt Ihrem Team ihre Wertschätzung, da darin sämt-
liche Haltungen und Einstellungen transportiert werden. Dazu gehört Interesse,
Feedback sowie Freundlichkeit und Höflichkeit wie auch eine Offenheit im
Ansprechen von Problemen. Zudem ist in der wertschätzenden Kommunikation
der Umgang mit den Erzieher/-innen enthalten: Wie sprechen die Eltern? Sind sie
freundlich und höflich? Wenn sie vermitteln, dass sie zufrieden sind und ihr Kind
gut aufgehoben wissen, zeigen sie Wertschätzung. Und wenn Eltern kommunizieren, dass sie wissen, was für eine anstrengende Arbeit die Kita-Mitarbeiter/-
innen verrichten, wie viel Energie und Herzblut mit einfließt, ist das für manche
Erzieher/-innen die größte Wertschätzung und zugleich sehr frustrierend, wenn es
nicht gesehen wird.

**Das ist mein Tanzbereich, und das ist Dein Tanzbereich!** Grenzen nehmen
in der Beziehung zwischen Eltern und Erzieher/-innen eine äußerst zentrale und
besondere Rolle ein. Eltern neigen teilweise dazu, viele Forderungen zu stellen,
hohe Erwartungen zu haben und diese auch einzufordern. Pädagogen/-innen hin-
gegen neigen eher dazu, mehr zu geben als zu nehmen. Grenzen, die für die Fachkräfte wichtig sind, werden von Eltern nicht selten überschritten. Wertschätzung
durch Grenzakzeptanz zeigt sich im Einhalten von Regeln, dem Blick für die
Gruppe und das Wesentliche und schafft zugleich eine konstruktive Zusammenarbeit mit den Eltern. Wenn Eltern Grenzen sehen und anerkennen führt es primär
dazu, dass sich Ihre Kita-Mitarbeiter/-innen wohl fühlen und gut arbeiten können
– ansonsten fühlen sie sich gestresst und unsicher, da sie immer wieder unterbro-
chen werden, immer wieder aus der Arbeit herausgerissen werden und vor allem
in einer unguten Atmosphäre arbeiten müssen. Sind die Grenzen und Freiräume
klar festgelegt, schafft das Sicherheit, Konzentration und pädagogische Qualität,
da sich die Mitarbeiter/-innen voll auf die Kinder einlassen und auch eine konstruktive Elternarbeit leisten können.

## 2.5   Selbst-Wertschätzung: Professionelles Selbstbewusstsein

**Denn sie wissen (nicht), was sie tun!** Fragen Sie einmal Ihre Mitarbeiter/-innen oder andere Erzieher/-innen, ob sie stolz auf ihren Beruf sind. Unsere Erfahrung hat gezeigt, dass Kita-Mitarbeiter/-innen auf diese Frage irritiert und zögerlich reagieren und wenig Berufsstolz für ihren Job empfinden. Wenn man dann weiter nachfragt, zeigt sich doch gewissermaßen eine Art Kompetenzgefühl, dass der Job sie erfüllt und sie eine wichtige Aufgabe haben. Dennoch scheint die mangelnde gesellschaftliche Anerkennung des Erzieherberufes und seine nicht klare Einordnung im Bildungssystem dazu zu führen, dass manche Erzieher/-innen nicht wirklich wissen, was sie eigentlich tun und leisten. Das kann damit zusammenhängen, dass frühkindliche Bildungsarbeit eine unsichtbare Tätigkeit ist, die nicht als sofortiges Produkt greifbar ist. Ein ausgeprägtes Kompetenz- und Wirksamkeitsgefühl zeichnet sich dadurch aus, dass Erzieher/-innen wissen, dass sie eine bedeutsame Aufgabe erfüllen, ihre Leistung anerkennen, wissen wie wirksam sie sind und die hohen Anforderungen und Aufgaben kennen. Nur wer weiß, was er leistet, kann über die Wertschätzung für sich selbst Stolz und Zufriedenheit entwickeln.

**Grenzen setzen!** Ihre Mitarbeiter/-innen brauchen die Fähigkeit, Grenzen zu setzen und sich schützen zu können. Wer sich selbst ausreichend wertschätzt, sorgt auch für sich und kann sich im Beruf von hohen Forderungen und Belastungen abgrenzen. Gerade im Arbeitsfeld Kita ist Abgrenzung aber nicht immer leicht. Harmonie ist nicht selten ein Wunsch vieler pädagogischer Fachkräfte, der zwar eine Zusammenarbeit fördern kann, aber es erschwert, Grenzen zu setzen. Eine ausgeprägte Kompetenz zum Selbstschutz und zur Selbstfürsorge zeichnet sich darin aus, empathisch und achtsam mit sich selbst umzugehen, Grenzen zu setzen, eine gute Work-Life-Balance zu haben bzw. einfordern zu können. Eine gute Selbstfürsorge hält die Kita-Mitarbeiter/-innen gesund und zufrieden.

**Sich verkaufen!** Wer über ein professionelles Selbstbewusstsein verfügt, weiß sich gut zu verkaufen und seine Arbeit zu vermarkten. Verkaufen können sich Erzieher/-innen, die wissen, was sie leisten und hinter ihren pädagogischen Entscheidungen selbstbewusst stehen und diese Eltern gegenüber standhaft vertreten können. Sie können Bildungsprozesse und ihre pädagogische Arbeit transparent machen und Eltern bewusst machen. Zudem verkaufen sich diese Erzieher/-innen nicht unter Wert, sondern treten von sich und ihrer Arbeit überzeugt nach außen hin auf. Leider können sich erfahrungsgemäß nicht alle Erzieher/-innen besonders gut verkaufen. Denn ihr Ziel ist es meist primär, mit Kindern zu arbeiten und diese zu fördern und zu begleiten, nicht aber sich vorteilhaft zu präsentieren. Da aber in unserer heutigen Zeit die Anforderungen seitens Eltern an die Kita stetig ansteigen, benötigen Kita-Mitarbeiter/-innen das Know-How, ihre Arbeit zu zeigen, sich zu verkaufen und sich selbst zu stärken! Dadurch wird Anerkennung und Qualität geschaffen!

# Umsetzung: Von Wertschätzung zu Wertschöpfung: In 5 Schritten zur erfolgreichen Kita-Leitung

3

## 3.1 Wertschätzung in Kitas leben: Eine wertschätzende Kita-Kultur

**Eine wertschätzende Kita-Kultur leben** Warum und wie kann Wertschätzung in Kitas gelebt werden? Ihre Kita-Mitarbeiter/-innen brauchen auf allen Ebenen gleichermaßen Wertschätzung: Von Ihnen als Leitung, von den Kolleg/-innen, von den Eltern und von sich selbst. Es funktioniert also nicht, wenn nur Sie alleine als Leitung Ihr Team wertschätzen. Wertschätzung muss überall stattfinden und kann nicht an einem System alleine festgemacht werden. Alle Dimensionen – Leitung, Team, Eltern, Selbst – spielen gleichermaßen eine wichtige Rolle. Ist die Wertschätzung in allen Bereichen positiv ausgeprägt, kann man von einer wertschätzenden Kita-Kultur sprechen. Wertschätzende Führung, wertschätzendes Team-Klima, wertschätzende Erziehungspartnerschaft sowie professionelles Selbstbewusstsein ergeben zusammen gelebte Wertschätzung in der Kita (siehe Abb. 3.1)!

**Wertschätzung auf allen Ebenen – in Form einer wertschätzenden Kita-Kultur!** Dabei stehen die einzelnen Wertschätzungsdimensionen miteinander in Zusammenhang und beeinflussen sich gegenseitig, wobei Sie als Leitung eine Schlüsselrolle einnehmen, da *Sie* Wertschätzung bei Eltern, Team und den Mitarbeitenden selbst positiv beeinflussen können. Wertschätzung seitens des Teams und der Eltern fördert eine konstruktive Zusammenarbeit und ist auch sehr wichtig. Den Kern aller Dimensionen jedoch macht die Selbstwertschätzung aus: Ein ausgeprägtes professionelles Selbstbewusstsein kann Wertschätzungsdefizite in anderen Bereichen ausgleichen. Zudem kommt der arbeitsinternen Wertschätzung – in Form eines wertschätzenden Teamklimas,

© Springer Fachmedien Wiesbaden 2017
J. Hitzenberger und S. Schuett, *Führungsstark in Kindertageseinrichtungen,*
essentials, DOI 10.1007/978-3-658-15427-1_3

# WERTSCHÄTZENDE KITA-KULTUR

Wertschätzende
Führungskultur

Wertschätzende
Erziehungspartnerschaft

Wertschätzendes
Teamklima

Professionelles
Selbstbewusstsein

**Abb. 3.1** Wertschätzende Kita-Kultur

einer wertschätzenden Erziehungspartnerschaft und eines wertschätzenden Führungsverhaltens – die größte Bedeutung zu. Arbeitsinterne Wertschätzung schafft über wertschätzendes Kommunizieren ein konstruktives Miteinander und verbessert über diesen Weg die Arbeitszufriedenheit, die wiederum qualitativ hochwertige Bildungsarbeit fördert. Wertschätzung in der Kita kann also nur gemeinsam umgesetzt werden!

**Eine wertschätzende Kita-Kultur erhöht die Mitarbeiterzufriedenheit und Qualität!** Wenn Sie nun diese wertschätzende Kita-Kultur umgesetzt haben, was verändert sich dann? Dann haben Sie nicht nur zufriedene, motivierte und an Ihre Kita gebundene Mitarbeiter/-innen, sondern im Zuge dessen auch eine qualitativ hochwertige wertschätzende Bildungs- und Erziehungsarbeit – das eigentliche Kerngeschäft. Denn pädagogische Qualität braucht eine zufriedene Fachkraft, die ausreichend Ressourcen zur Verfügung hat. Fühlt sie sich wertgeschätzt und wird nicht durch Geringschätzung und Abwertung in ihrem Selbstwert gekränkt, kann sie sich ganz unbefangen und fokussiert mit dem Kind beschäftigen und auch ihm die notwendige Wertschätzung entgegenbringen. Eine weitere Konsequenz einer wertschätzenden Kita-Kultur ist, dass sich über die Wertschätzung ein konstruktives Miteinander im Team und in der Erziehungspartnerschaft einstellt. Das heißt, dass die Fachkräfte Konflikte und Differenzen wertschätzend im Team und mit den Eltern ausräumen können und dass alle Akteure miteinander dasselbe Ziel verfolgen, nämlich die Erziehung und Entwicklung des Kindes zu fördern. Eine wertschätzende Kita-Kultur gründet auf der Systemischen Sichtweise, der Gewaltfreien Kommunikation und der Pädagogik der Vielfalt.

## 3.2   Schritt 1: Wertschätzendes Führungsverständnis verinnerlichen!

**Von der Führungspersönlichkeit zur Persönlichkeitsmarke** Sie stehen vielleicht am Anfang Ihrer Führungstätigkeit in einer Kita oder aber Sie arbeiten womöglich schon länger im Leitungsbereich. Wie dem auch sei: Wenn Sie sich dazu entschieden haben, wertschätzend zu führen und zu leiten, sollten Sie zunächst den Istzustand Ihrer individuellen Führungspersönlichkeit bestimmen und sich Ihrer Berufsidentität bewusst werden. Denn nur, wenn Sie auch wissen, welche Werte, Fähigkeiten und Visionen in Ihnen stecken, können Sie auch damit umgehen und arbeiten. Es gibt nicht wenige Führungskräfte, die ein völlig falsches Selbstbild von sich als Leitung haben und in der Fremdwahrnehmung völlig anders gesehen werden. Um in der Führung kongruent und authentisch im Einklang zu handeln, ist es wichtig zu wissen, wer man ist und was man will. Leitungsaufgaben sind vielfältig und jede Leitung führt anders und hat andere Werte. Wichtig ist es deshalb, dass Sie Ihre persönlichen Top-5-Werte entdecken und reflektieren sowie eine Vision entwickeln. Durch Reflexion werden Ihre Werte veränderbar und Sie können eine wertschätzende Haltung anderen gegenüber verinnerlichen. Entwickeln Sie ganz gezielt Ihre

Führungspersönlichkeit und zeigen Sie durch Ihre ganz spezielle Persönlichkeitsmarke Ihre Kompetenz und machen Sie sich dadurch unverwechselbar und überzeugend!

**Grundhaltung einer wertschätzenden Kita-Führung** Wertschätzend zu leiten heißt vor allem die Grundwerte zu leben und sie wahrhaftig in der Haltung zu verankern. Es handelt sich dabei um Respekt, Toleranz, Anerkennung der Vielfalt, Offenheit, Ehrlichkeit, Authentizität, Achtsamkeit und Empathie. Carl Rogers hat in seiner personzentrierten Psychotherapie die Grundhaltung, bestehend aus Empathie, Akzeptanz, Kongruenz, Vertrauen und Neugierde als wesentlich für einen guten Therapieprozess befunden. Nun sind Sie ja kein Therapeut, denken Sie sich, doch ist diese Haltung, von der Rogers spricht, der Kern wertschätzender Führung! Person-zentriert heißt dabei, dass Sie diese Haltung einer jeden Person gegenüber einnehmen sollten: Das bedeutet gegenüber Ihren Mitarbeiter/-innen, gegenüber den Eltern und gegenüber Kindern! Setzen Sie sich also die Wertschätzungsbrille auf und nehmen Sie die Grundhaltung wertschätzender Kita-Führung an (siehe Abb. 3.2): Empathie bedeutet dabei, die/den Andere/n verstehen zu wollen und mitzufühlen. Akzeptanz bedeutet, den Anderen bedingungslos anzunehmen und wertzuschätzen. Kongruenz bedeutet, dass Ihr Verhalten im Einklang mit Ihrer Haltung und Ihren Werten ist. Indem Sie Ihren Mitarbeiter/-innen Neugierde und Zutrauen in Bezug auf Ihre Fähigkeiten und Ihr Können entgegenbringen, fördern Sie deren Entwicklung maßgeblich – eine wertschätzende Grundhaltung braucht daher vor allem Partizipation und Mitarbeiterbeteiligung!

**Mit Selbst-Coaching gesund, gelassen und zufrieden bleiben** Unabhängig davon, wie lange Sie schon als Kita-Leitung tätig sind, werden Sie sicherlich bereits festgestellt haben, dass das Führen und Leiten einer Kita sehr anstrengend und belastet sein kann. Als Ansprechpartner/-in für Eltern, Mitarbeiter/-innen und Träger sitzen Sie sozusagen zwischen den Stühlen und haben die Aufgabe, zwischen den Parteien zu vermitteln. Schwierige Mitarbeiter/-innen, fordernde Eltern, ein hoher Krankenstand sowie organisatorisches Chaos bringen Sie womöglich an manchen Tagen an Ihre Grenzen. Um im stressigen Kita-Alltag gesund, gelassen und zufrieden zu bleiben, sollten Sie Verantwortung für sich selbst übernehmen und sich selbst coachen! Selbstcoaching dient dazu, sich in Selbstverantwortung selbst zu steuern und sich persönlich zu entwickeln. Coaching sucht nicht die perfekte Lösung – denn die gibt es nicht – sondern hilft Ihnen, sich mit Ihrem inneren Betriebssystem auseinanderzusetzen und ein besseres Gespür dafür zu bekommen, sich Ziele zu setzen und Entscheidungen zu treffen. Mit Achtsamkeit gelingt es Ihnen, sich mit Ihrem inneren Team, das aus vielen unterschiedlichen Persönlichkeitsanteilen besteht, auseinanderzusetzen und gut für sich zu sorgen. Zu guter Letzt empfehlen wir Ihnen, ein Wertschätzungs- und Erfolgstagebuch zu führen, in dem Sie all Ihre positiven und erfolgreichen Erlebnisse festhalten und was Sie noch verändern und weiter entwickeln möchten – es dient als Qualitätsbegleiter!

**Abb. 3.2** Die Wertschätzungsbrille: Die Grundhaltung einer wertschätzenden Kita-Führung

**Leitfaden für das Selbstcoaching**
Vielleicht haben Sie ja bereits ein konkretes Anliegen oder Problem in Ihrer Funktion als Kita-Leitung, das Sie angehen möchten. Womöglich haben Sie eine/n schwierige/n MitarbeiterIn oder aber Sie fühlen sich überlastet oder haben ein bestimmtes Ziel vor Augen. Wenn Sie durch Selbstcoaching ein konkretes und überschaubares Ziel erreichen möchten, empfiehlt es sich, in vier Schritten vorzugehen.

1. Definieren Sie das Ziel! – Wo möchten Sie hin, was möchten Sie erreichen? Formulieren Sie das Ziel positiv: Worauf möchten Sie zusteuern?
2. Machen Sie sich Ihre Ressourcen bewusst! – Welche Fähigkeiten bringen Sie dafür schon mit? Welche äußeren Ressourcen können Sie noch nutzen?
3. Entwickeln Sie Lösungen! – Sammeln Sie auf Papier Ideen, wie Sie vorgehen könnten. Spielen Sie die Ideen durch und konkretisieren Sie Ihre Lösung!
4. Sichern Sie die Umsetzung! – Planen Sie die Umsetzung, sodass Sie auch dran bleiben, vereinbaren Sie mit sich einen Zeitpunkt und sichern Sie sich Unterstützung!

## 3.3    Schritt 2: Wertschätzend kommunizieren!

**Wertschätzend und gewaltfrei kommunizieren** Kommunikation ist für Sie als Kita-Leitung das wichtigste und effektivste Instrument, das Sie haben. Über Kommunikation wurden bereits unzählige Bücher geschrieben, es gibt zahlreiche Konzepte und Theorien darüber und auch Sie werden sich selbst schon mit Kommunikation beschäftigt haben. Kennen Sie das auch, dass manche Gespräche trotz guter Vorbereitung nicht so laufen, wie Sie es sich vorgestellt haben? Manchmal scheinen zwei Gesprächspartner/-innen sich einfach nicht zu verstehen. Das mag daran liegen, dass jeder Mensch seine eigene Landkarte mit und in sich trägt, die sich aus seinem emotionalen Gedächtnis und seinen Glaubensmustern zusammensetzt. Jeder Mensch interpretiert demnach die Aussage seines Gegenübers nach dem Prinzip „Der Empfänger bestimmt die Botschaft". Das 4-Ohren-Modell erklärt, dass wir alle auf einem bestimmten Ohr hören – Appel-, Beziehungs-,

Sach- oder Selbstkundgabe-Ohr. Wertschätzende Kommunikation fängt mit Freundlichkeit und Respekt an und fasst Wahrnehmung, Gefühle, Bedürfnisse und Wünsche in Worte. Die Message ist dabei „Ich bin OK und Du bist OK" – beide Gesprächspartner/-innen bleiben auf der gleichen Ebene, keiner wird abgewertet im Sinne von „Ich bin OK und Du bist nicht OK". Rosenberg differenziert dabei zwischen Wolfs- und Giraffensprache (Abb. 3.3). Durch wertschätzende Kommunikation können Sie mit Ihrem Gegenüber verbunden bleiben und Mitarbeiter/-innen sensibel zu einer Verhaltensänderung bewegen. Wertschätzende Kommunikation muss man auch üben, indem man seine Wahrnehmung, Gefühle und Bedürfnisse im Hinblick auf eine Bitte an den Anderen in Worte fasst.

**Feedback geben, das ankommt** Die erste Regel für das Geben von Feedback ist, dass es ehrlich und authentisch ist. Das kann es nur sein, wenn Sie auch wissen, wovon Sie reden. Der Kreislauf wertschätzender Führungskommunikation fängt bereits beim Interesse an (siehe Abb. 3.4). Wenn Sie sich im Kita-Alltag grundsätzlich für Ihre Mitarbeiter/-innen interessieren, zeigt das bereits große

**Abb. 3.3** Die Symbole der Gewaltfreien Kommunikation in Anlehnung an Rosenberg (2010)

## Der Kreislauf wertschätzender Führungskommunikation

Interesse

Zielvereinbarung

Beobachten & Wahrnehmen

Rückmelden & Feedback

Festhalten & Notieren

**Abb. 3.4**  Der Kreislauf wertschätzender Führungskommunikation

Wertschätzung: Sie beobachten und nehmen wahr, was in Ihrem Team geschieht, wie Ihre Mitarbeiter/-innen in den Gruppen arbeiten, was sie mögen und was sie belastet. Sie kennen ihre Schwächen und Stärken, weil Sie mit ihnen kontinuierlich im Gespräch sind, weil Sie am Morgen durch die Gruppen gehen, fragen, wie es jedem geht und dadurch auch eventuelle Probleme abfangen. Wenn Sie viele Mitarbeiter/-innen haben, notieren Sie sich auch wichtige Punkte, die Ihre Fachkräfte betreffen, sodass Sie diese spätestens im Mitarbeitergespräch oder in anderen passenden Situationen rückmelden können. Zielvereinbarungen sind ebenso sinnvoll, wenn Sie Feedback geben, um neue Entwicklungsmöglichkeiten zu fokussieren und um die Wertschätzung auf einer sachlich-professionellen Ebene zu halten. Beachten Sie beim Feedback-Geben selbst die Grundsätze der wertschätzenden Kommunikation: Zeigen Sie im Gespräch Interesse, hören Sie aktiv zu, nicken Sie und schaffen Sie eine positive Atmosphäre. Vermitteln Sie Ihrem Gegenüber, dass Sie sich den ganzen Alltag über für sie/ihn und ihre/seine Arbeit interessieren. Dies sollte wohlwollend und freundlich geschehen durch eine offene, ehrliche und höfliche Art.

**Wertschätzendes professionelles Beziehungsmanagement** Positive Beziehungen zu Mitarbeiter/-innen, Eltern und Vorgesetzten sind ein zentraler Faktor für Ihren Erfolg als Kita-Leitung (siehe Abb. 3.5). Täglich arbeiten Sie mit unterschiedlichen Charakteren zusammen und gestalten professionelle Beziehungen. Kita-Mitarbeiter/-innen arbeiten am liebsten für eine Leitung, die freundlich und offen ist und sich Zeit für sie nimmt. Wenn sich Kita-Mitarbeiter/-innen

**Abb. 3.5**  Professionelle Beziehungen wertschätzend managen!

## 3.6    Schritt 5: Wertschätzende Erziehungspartnerschaft managen!

**Eine gute Zusammenarbeit von Anfang an** Nicht zuletzt sollten Sie als Leitung eine wertschätzende Erziehungspartnerschaft zwischen den Eltern und Ihren Mitarbeiter/-innen managen, unterstützen und fördern. Treten die Eltern in die Kindertagesstätte ein, ist es von höchster Bedeutung, hier die Weichen zu stellen für eine wertschätzende Erziehungspartnerschaft. Das ist der erste Kontakt zu den Eltern, dieser ist sehr prägend für die ganze weitere Zusammenarbeit! Sie als Leitung sollten den Eltern erklären, dass hier eine Erziehungspartnerschaft gebildet wird. Es ist wichtig zu verdeutlichen, dass sowohl die Position als Eltern, als Spezialisten für ihre Kinder, wertgeschätzt wird, dass die Fachkräfte dabei eine objektivere Haltung einnehmen und dass diese Partnerschaft zum Ziel hat, die Entwicklung des Kindes zu fördern. Zudem sollten Sie den Eltern bewusst machen, dass beide Partner trotz unterschiedlicher Rollen gleichwertig sind, dass es dauert bis ein Vertrauen da ist, aber dass ein offener und ehrlicher Umgang miteinander unerlässlich ist. Hier ist es Aufgabe der Leitung, eine Basis zu schaffen, allerdings müssen den weiterführenden Weg die Fachkräfte, die Mitarbeiter/-innen selbst gehen, indem sie als professionelle Fachkräfte eine wertschätzende Erziehungspartnerschaft kultivieren. Elterngespräche sollten dafür erfolgreich geführt werden und die Mitarbeiter/-innen darin geschult werden, wertschätzend zu kommunizieren.

**Effektives Kommunizieren mit Eltern** Die Kommunikation mit den Eltern Ihrer Einrichtung stellt das A und O der Zusammenarbeit dar: Die wertschätzende personenzentrierte Haltung – Empathie, Akzeptanz, Kongruenz – ist unabdingbar für eine gute Zusammenarbeit. Nicht nur Mitarbeitern/-innen gegenüber sollten Sie diese Haltung einnehmen, sondern auch gegenüber den Eltern und Familien Ihrer Kita! Wenn Eltern in Ihre Einrichtung kommen, kommt gleichsam ein neues System in Ihre Kita. Die neuen Eltern haben eine bestimmte Landkarte, bestimmte Erfahrungen und Denkweisen – zudem haben die Eltern unterschiedliche Bildungsniveaus und unterschiedliche kulturelle und sprachliche Hintergründe. Gehen Sie also in die Empathie und versuchen Sie, die Erlebniswelt der neuen Eltern – ohne diese zu bewerten – zu verstehen. Akzeptieren und wertschätzen Sie die neuen Kita-Mitglieder unabhängig von dem, was Sie mitbringen

Brücken bauen zwischen Eltern und Kita:

So holen Sie Eltern durch Transparenz ins Boot der Erziehungspartnerschaft!

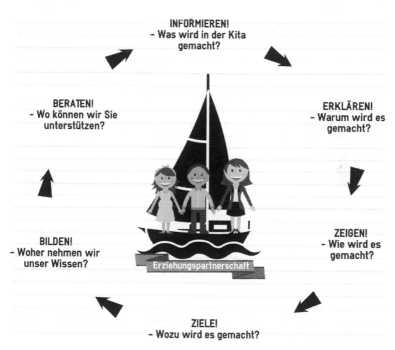

**Abb. 3.7** Brücken bauen zwischen Eltern und Kita: Die Eltern mit ins Boot holen

und holen Sie sie da ab, wo sie stehen. Verhalten Sie sich kongruent und stimmig, trauen sie den Eltern zu, dass sie sich gut einbringen und seien Sie positiv neugierig und interessiert an der neuen Familie! Wenn Sie selbst diese Haltung einnehmen, werden es auch die Eltern rückwirkend tun! Versuchen Sie zudem immer, das Bedürfnis bei aufgebrachten Eltern zu erkennen und behandeln Sie Ihr Team vor Eltern stets wertschätzend.

**Eltern mit ins Boot holen**  Alle Eltern, die zu Ihnen in die Kita kommen, haben ein inneres Bild davon, was ihr Kind im Kindergarten, in der Krippe oder im Hort lernen soll. Die einen erwarten Bildungsangebote, die anderen sind über Freundschaften sehr glücklich und wieder andere sind einfach froh, wenn ihr Kind einen guten Tag in der Kita verbringt. Nun sind aber die unterschiedlichen Landkarten dafür verantwortlich, was Eltern erwarten, und oft wissen sie einfach überhaupt nicht, was Kinder heutzutage in der Kita lernen können und sollen und wie, warum und wozu es geschieht. Die Eltern sind darauf angewiesen, was man ihnen erzählt und zeigt, auf Dokumentation und Information durch die Kita, um gezielte Einblicke und Wissen über die Kita-Arbeit zu erhalten! Versuchen Sie also die Eltern ins Boot zu holen und schaffen Sie Transparenz und Aufklärung zwischen dem, was in der Kita passiert, und den Eltern – um eine wertschätzende Erziehungspartnerschaft zu schaffen, sollten Sie diese Kluft beziehungsweise Lücke schließen, indem sie Brücken bauen (siehe Abb. 3.7). Informieren Sie darüber, was Sie machen, erklären Sie, warum Sie es machen und zeigen Sie, wie Sie es machen! Benennen Sie die Ziele, wofür Sie es machen, und bilden Sie die Eltern entsprechend, woher Sie Ihr Wissen nehmen. Zu guter Letzt sollten Sie Eltern dahin gehend beraten, wie sie Sie bei der Erziehung unterstützen können.

# Schlusswort: Wertschätzung für und in Kitas geht uns alle an

**Viel Erfolg für alle Kita-Leitungen** An dieser Stelle möchten wir Ihnen als Kita-Leitung für die Führung Ihrer Mitarbeiter/-innen in Krippe, Kindergarten und Hort viel Erfolg wünschen. Wir hoffen, dass dieses *essential* das „Leben und Arbeiten" in Kitas tatsächlich entscheidend verbessern hilft – für Sie als Kita-Leitung, für Ihre Mitarbeiter/-innen und natürlich für die in Ihrer Einrichtung betreuten Kinder und deren Eltern.

**Mehr Wertschätzung bitte!** Außerdem hoffen wir, Ihnen die besondere Bedeutung von Wertschätzung im Rahmen Ihrer Tätigkeit als Kita-Leitung nähergebracht zu haben. Denn Wertschätzung spielt nicht nur in der Kita, sondern auch in unserer gesamten Gesellschaft eine bedeutsame Rolle. Wertschätzung ist ein Grundbedürfnis, das jeder Mensch hat. Zudem ist Wertschätzung ein zentraler Pfeiler von Bildung und Entwicklung über die gesamte Lebensspanne. Wir brauchen ein Mehr an Wertschätzung in unserer Gesellschaft. Denn nur wer wertgeschätzt wird, kann auch lernen und sich entwickeln – das gilt nicht nur für Kinder, sondern auch für Erwachsene: Wertschätzung ist wichtig für Groß und Klein!

**Wertschätzung für Groß und Klein – von Anfang an, ein Leben lang!** Als Kita-Leitung haben Sie jetzt die Chance, die gesellschaftlich so wichtige Wertschätzung für und in Ihrer Einrichtung (sei es Kindergarten, Krippe oder Hort) mitzugestalten und voranzutreiben – für Sie selbst, für Ihre Mitarbeiter/-innen sowie für die Kinder und deren Eltern. Kitas sind eine (wenn nicht sogar die) zentrale Wiege der Wertschätzung unserer Gesellschaft im 21. Jahrhundert. Wertschätzende Bildung geht uns alle an – von Anfang an, ein Leben lang!

© Springer Fachmedien Wiesbaden 2017
J. Hitzenberger und S. Schuett, *Führungsstark in Kindertageseinrichtungen,*
essentials, DOI 10.1007/978-3-658-15427-1_4

Nachfolgend finden Sie eine Auswahl einiger exzellenter Ressourcen (ohne den Anspruch der Vollständigkeit zu erheben) als Unterstützung für Ihre Arbeit als erfolgreiche Kita-Leitung:

**Gesunde Führung – gesunde Kita**
www.aok-business.de/aokplus/praxis-aktuell/erfolgreich-ausbilden/selbsttest-gesund-fuehren
www.do-care.de/gesund-fuehren
www.ergo-online.de
www.gesundbleiben-kita.de
www.gesundheitsmanagement24.de/praxisleitfaeden-checklisten/gesund-fuehren
www.kigg.info
www.kindergesundheit-info.de
www.kindergesundheit-info.de/fuer-fachkraefte/hintergruende-grundlagen/kita-projekt
www.kita-gesundheit.de/achtsamkeit-im-kindergarten/
www.zukunft-praevention.de

**Informationen und Materialien**
www.bag-bek.eu
www.bestpractice-online.de
www.bildungsserver.de
www.charaktertest.net/persoenlichkeitstest
www.charta-der-vielfalt.de
www.demobib.de/bib/

© Springer Fachmedien Wiesbaden 2017
J. Hitzenberger und S. Schuett, *Führungsstark in Kindertageseinrichtungen,*
essentials, DOI 10.1007/978-3-658-15427-1_5

www.educcare.de
www.entwicklungsbegleitung.de
www.erzieherin.de
www.fruehe-chancen.de
www.fruehe-tagesbetreuung.de
www.giraffentraum.de
www.haw-hamburg.de/cckids.html
www.inklumat.de
www.inqa-audit.de
www.inqa.de
www.kigaleiterin.de
www.kigaportal.com
www.kindergartenleitung.at
www.kindergartenpaedagogik.de
www.kita-aktuell.at
www.kita-bildungsserver.de/praxis/forschung
www.kita-qualitaet.de
www.lernen-erfahren-austauschen.de
www.liga-kind.de
www.pro-kita.com
www.prokita-portal.de
www.quali-kita.ch
www.renatealf.de
www.tbs-nrw.de/shop/broschueren/details/artikel/broschuere/alternsgerechtes-
arbeiten-in-kindertagesstaetten/details.html
www.unternehmens-wert-mensch.de
www.weiterbildungsinitiative.de
www.wertekommunikation.info/wertetest

**Konferenzen und Fachtagungen**
www.deutscher-kitaleitungskongress.de
www.österreichischer-kitaleitungskongress.at

**Institute und Organisationen**
Arbeitsgemeinschaft Psychoanalytische Pädagogik (APP), Wien
Ausweitung der Weiterbildungsinitiative Frühpädagogische Fachkräfte (AWiFF)
Bayerisches Staatsministerium für Arbeit und Soziales, Familie und Integration
(stmas)

Bundesarbeitsgemeinschaft für Bildung und Erziehung in der Kindheit e. V.
Bundesministerium für Bildung und Forschung (bmbf)
Bundeszentrale für gesundheitliche Aufklärung (BzgA)
Competence Center zum „Aufwachsen von Kindern" i. G. an der HAW Hamburg
(CCKids)Das Demographie Netzwerk e. V.
Deutsche Gesellschaft für Demographie (DGD)
Deutsche Gesellschaft für Erziehungswissenschaft (DGfE) (Kommission Pädagogik der frühen Kindheit)
Deutsche Gesellschaft für Systemische Therapie, Beratung und Familientherapie (DGSF)
Deutsches Jugendinstitut (DJI)
Fachverband Gewaltfreie Kommunikation e. V.
Fakultät für Psychologie und Pädagogik, Ludwig-Maximilians-Universität München
Frankfurter Arbeitskreis für Psychoanalytische Pädagogik e. V.
Hans Böckler Stiftung („Demografischer Wandel")
Institut für Bildungswissenschaft, Universität Wien
Niedersächsisches Institut für frühkindliche Bildung und Entwicklung (nifbe)
Österreichische Plattform für Interdisziplinäre Altersfragen (ÖPIA)
Robert-Bosch-Stiftung
Staatsinstitut für Frühpädagogik (IFP), Bayern
The Organisation for Economic Co-operation and Development (OECD)
The Sloan Center on Aging and Work
Weiterbildungsinitiative Frühpädagogische Fachkräfte (WiFF)
World Health Organization: Ageing and Life Course

**Fachzeitschriften**
4 bis 8 – Fachzeitschrift für Kindergarten und Unterstufe
Bausteine Kindergarten
Betrifft KINDER
DGUV Kinder, Kinder
Die Kindergartenzeitschrift
Diskurs Kindheits- und Jugendforschung
DJI Impulse
Entdeckungskiste – Zeitschrift für die Praxis in Kiga und Kita
Forschung in der Frühpädagogik
Frühe Bildung
Frühe Kindheit
Heilpädagogik Online

IFP-Infodienst – Bildung, Erziehung und Betreuung von Kindern in Bayern
Journal für Kinder, Eltern und Erzieher
kindergarten heute
kinderleicht!?
Kindheit und Entwicklung
KiTa aktuell Recht
KiTa aktuell spezial
KiTa KinderTageseinrichtungen aktuell
Kita-Leitung in der Praxis
KitaDebatte
klein & groß
Kleinstkinder in Kita und Tagespflege
KREISEL – Themen und Projekte für die Arbeit mit Kindern
MedienPädagogik
MedienPädagogik (online)
merz – medien+erziehung
Mit Kindern wachsen
Musik in der Kita
musikpraxis – Musik und Bewegung in Kindergarten, Musik- und Grundschule
Offene Spielräume
TPS – Theorie und Praxis der Sozialpädagogik
unerzogen magazin
WDK – Welt des Kindes
Zeitschrift für Erziehungswissenschaft
Zeitschrift für Pädagogik

**Wichtige Studien**
www.aqua-studie.de (AQUA-Studie)
www.ash-berlin.eu/forschung/forschungsprojekte/schluessel-zu-guter-bildung-
erziehung-und-betreuung/ (Schlüssel-Studie)
www.ash-berlin.eu/forschung/forschungsprojekte/stege (STEGE-Studie)
www.educationscotland.gov.uk/resources/e/genericresource_tcm4626987.asp
(REPEY-Studie, UK)
www.elementarpaedagogik.uni-osnabrueck.de/index.php/forschung (TUF-Studie)
www.ioe.ac.uk/about/17315.html (ELEYs-Studie, UK)
www.kiggs-studie.de (Kiggs-Studie)
www.nichd.nih.gov/research/supported/Pages/seccyd.aspx (NICHD-Studie, USA)

www.nubbek.de (Nubbek-Studie)

www.univie.ac.at/wiki-projekt (Wiener Krippenstudie)

**Studiengänge/Zertifikatskurse mit Qualifizierung zur Kita-Leitung**

*Bachelor-Studiengänge*

Diploma Hochschule: Frühpädagogik – Leitung und Management von Kindertageseinrichtungen (B.A.)

Fachhochschule des Mittelstands: Sozialpädagogik und Management (B.A.)

Fachhochschule Dresden: Sozialpädagogik und Management (B.A.)

Fliedner Fachhochschule Düsseldorf: Bildung und Erziehung in der Kindheit (Teilstudium) (B.A.)

Hochschule für Technik, Wirtschaft und Kultur Leipzig: Frühpädagogik – Leitung/Management (B.A.)

Hochschule Koblenz: Bildungs- und Sozialmanagement mit Schwerpunkt frühe Kindheit (B.A.)

Hochschule Magdeburg-Stendal: Bildung, Erziehung und Betreuung im Kindesalter – Leitung von Kindertageseinrichtungen (B.A.)

Hochschule Magdeburg-Stendal: Kindheitspädagogik – Praxis, Leitung, Forschung (B.A.)

Institut für Pädagogikmanagement: Pädagogikmanagement (B.A.)

Katholische Hochschule Freiburg: „Management von Erziehungs- und Bildungseinrichtungen" (B.A.)

*Master-Studiengänge*

Evangelische Hochschule Berlin: Leitung – Bildung – Diversität (M.A.)

Ludwig-Maximilians-Universität München: Pädagogik mit Schwerpunkt Bildungsforschung und Bildungsmanagement (M.A.)

Steinbeis Hochschule Berlin: Social, Healthcare and Educational Management (M.A.)

Universität Flensburg: Leitung frühkindlicher Bildungseinrichtungen (M.A.)

*Zertifikatskurse*

Fachhochschule Potsdam: Kita-Management (berufsbegleitende Weiterbildung mit Hochschulzertifikat)

Justus-Liebig-Universität Gießen: Zertifikatskurs Leitungs- und Bildungsmanagement in Kindertagesstätten

Pädagogische Hochschule Karlsruhe: Zertifikatsprogramm Leitungsverantwortung in der Frühpädagogik

# Was Sie aus diesem *essential* mitnehmen können

- Welche neuen (Führungs-)Herausforderungen als Kita-Leitung auf Sie zukommen
- Was Sie über Wertschätzung in Kitas wissen sollten und was Sie tun können
- Wie Sie ihre Kita-Mitarbeiter/-innen erfolgreich aus der Wertschätzungskrise führen

© Springer Fachmedien Wiesbaden 2017
J. Hitzenberger und S. Schuett, *Führungsstark in Kindertageseinrichtungen,*
essentials, DOI 10.1007/978-3-658-15427-1

# Literatur

Ahnert L (2007) Von der Mutter-Kind- zur Erzieherinnen-Kind-Bindung? In: Becker-Stoll F (Hrsg) Textor RM Die Erzieherin-Kind-Beziehung: Zentrum von Bildung und Erziehung. Cornelsen, Berlin, S 31–40

Alf R (2009) Der reinste Kindergarten. Oldenburg, Lappan

Aubrey C (2011) Leading and managing in the early years. Sage, London

Aubrey C, Godfrey R, Harris A (2013) How do they manage? an investigation of early childhood leadership. Educ Manag Adm Leadersh 41:5–29

Badinter E (2010) Der Konflikt. Die Frau und die Mutter. Beck, München

Ballusek H, Nentwig-Gesemann I (2008) Wissen, Können, Reflexion. Die Verbindung von Theorie und Praxis in der Ausbildung von Erzieherinnen. Sozial Extra 3(4):28–32

Baltscheit M (2011) Die Elefantenwahrheit. Kinderbuchverlag Wolff, Frankfurt a. M.

Bandura A (1976) Lernen am Modell. Klett-Cotta, Stuttgart

Bartoli P, Barth J (2012) Das „Überlebenshandbuch" für Kita-Leiterinnen! So haben Sie Mitarbeiterführung und Arbeitsrecht im Griff! PRO Kita, Bonn

Basu A, Faust L (2013) Gewaltfreie Kommunikation. Haufe, Freiburg

Bayerisches Staatsministerium für Arbeit und Sozialordnung, Familien und Frauen (BStMAS), Staatsinstitut für Frühpädagogik München (IFP) (2012a) Bayerischer Bildungs- und Erziehungsplan für Kinder in Tageseinrichtungen bis zur Einschulung. Cornelsen, Berlin

Bayerisches Staatsministerium für Arbeit und Sozialordnung, Familien und Frauen (BStMAS), Staatsinstitut für Frühpädagogik München (IFP) (2012b) Bildung, Erziehung und Betreuung von Kindern in den ersten drei Lebensjahren. verlag das netz, Berlin

Beher K, Walter M (2012) Qualifikationen und Weiterbildung frühpädagogischer Fachkräfte. Bundesweite Befragung von Einrichtungsleitungen und Fachkräften in Kindertageseinrichtungen. WiFF-Studien, Bd 15. Deutsches Jugendinstitut, München

Berndt JC (2012) Die stärkste Marke sind Sie selbst! Das Human Branding Praxisbuch. Kösel, München

Bion W (1962) Lernen durch Erfahrung. Suhrkamp, Frankfurt a. M.

Böhme S, Eigenhüller L (2013) Personal in der Kindererziehung in Bayern. Arbeitsmarktsituation und Berufsverbleib. IAB-Regional 1

Borkowski J (2011) Respektvolle Führung. Wie sie geht, was sie fördert und warum sie sinnvoll ist. Gabler, Wiesbaden

© Springer Fachmedien Wiesbaden 2017

J. Hitzenberger und S. Schuett, *Führungsstark in Kindertageseinrichtungen,* essentials, DOI 10.1007/978-3-658-15427-1

Bourdieu P (1983) Ökonomisches Kapital, kulturelles Kapital, soziales Kapital. In: Kreckel R (Hrsg) Soziale Ungleichheiten. VS Verlag, Wiesbaden, S 183–198

Bowlby J (2014) Bindung als sichere Basis. Grundlagen und Anwendung der Bindungstheorie, Bd 14, 3. Aufl. Reinhardt, München

Brock I (2012) Frühpädagogische Fachkräfte und Eltern – Psychodynamische Aspekte der Zusammenarbeit. WiFF-Expertisen, Bd 25. DJI/WIFF, München

Brüggemann H, Ehret-Ivankovic K, Klütmann C (2009) Systemische Beratung in fünf Gängen. Ein Leitfaden. Vandenhoeck & Ruprecht, Göttingen

Büssing A, Herbig B (2003) Implizites Wissen und Erfahrungsgeleitetes Arbeitshandeln: Chance oder Risiko für das Wissensmanagement. Wirtschaftspsychologie 3:58–65

Bundesministerium für Bildung und Forschung, Robert Bosch Stiftung, Deutsches Jugendinstitut e. V. (2013) Weiterbildungsinitiative Frühpädagogische Fachkräfte (WiFF). http://www.weiterbildungsinitiative. Zugegriffen: 3. Sept. 2013

Bundesministerium für Familie, Senioren, Frauen und Jugend (BMFSFJ) (2013) Gute Kinderbetreuung. http://www.bmfsfj.de/BMFSFJ/Kinder-und-Jugend/kinderbetreuung.html. Zugegriffen: 22. Jan. 2015

Comelli G, Rosenstiel L (2009) Führung durch Motivation. Mitarbeiter/-innen für Unternehmensziele gewinnen, 4. Aufl. Vahlen, München

Datler W (2000) Das Verstehen von Beziehungsprozessen. Eine zentrale Aufgabe von heilpädagogischer Praxis, Lehre und Forschung. In: Bundschuh K (Hrsg) Wahrnehmen – Verstehen – Handeln: Perspektiven für die Sonder- und Heilpädagogik im 21. Jahrhundert. Klinkhardt, Bad Heilbrunn, S 59–78

Datler W (2003) Erleben, Beschreiben und Verstehen: Vom Nachdenken über Gefühle im Dienst der Entfaltung von pädagogischer Professionalität. In: Dörr M, Göppel R (Hrsg) Bildung der Gefühle. Psychosozial-Verlag, Gießen, S 241–264

Deutsches Jugendinstitut/Weiterbildungsinitiative Frühpädagogische Fachkräfte (Hrsg) (2014) Leitung von Kindertageseinrichtungen. Grundlagen für die kompetenzorientierte Weiterbildung, Bd 10. Reinhardt, München

Deutsche Kinderhilfe, Wolters Kluwer Deutschland (2015) Befragung zur Wertschätzung und Anerkennung von Kitaleitungen: Von der Gesellschaft unterschätzt, von der Politik vernachlässigt? Wolters Kluwer, Koblenz

Dieckbreder F, Koschmider S, Sauer M (Hrsg) (2014) Kita-Management: Haltungen – Methoden – Perspektiven. Frühe Bildung und Erziehung. Vandenhoeck & Ruprecht, Göttingen

Diskowski D (2013) Kopf und Bauch. Ein unbegriffener Zusammenhang in der Handlungskompetenz von Erzieherinnen. Theorie und Praxis der Sozialpädagogik 1:20–21

Dittrich I, Botzum E (Hrsg) (2015) Lexikon Kita-Management. Carl Link, Kronach

Dörr M, Müller B (Hrsg) (2012) Nähe und Distanz. Ein Spannungsfeld pädagogischer Professionalität, 3. Aufl. Beltz Juventa, Weinheim

Duden B (2009) Arbeit aus Liebe – Liebe aus Arbeit. Ein Rückblick. Olympe 30:16–26

Duve AC (Hrsg) (2012) Kompass Kita-Leitung. Grundlagen und praktische Arbeitshilfen für Ihre Einrichtung. Raabe, Stuttgart

Ebert S (2011) Professionalisierung als Selbstbildungsprozess. www.Kita-fachtexte.de/fileadmin/website/FT_ebert_2011.pdf. Zugegriffen: 3. Sept. 2013

Elsner K (2013) Kleine Ursache – große Wirkung: Wertschätzung von hochqualifizierten Mitarbeitern. Hampp, München

Erath P, Amberger C (2000) Das Kita-Management-Konzept. Kindertagesstätten auf dem Weg zur optimalen Qualität. Herder, Freiburg

Esch K, Krüger T (2012) Wie aus Krisen Chancen werden: Systemisch–wertschätzende Organisations- und Personalentwicklung (SWOP). In: Reichwald R, Frenz M, Hermann S, Schipanski A (Hrsg) Zukunftsfeld Dienstleistungsarbeit: Professionalisierung – Wertschätzung – Interaktion. Springer, Wiesbaden, S 627–649

Fialka V, Schmidt HW (2011) Handbuch Bildungs- und Sozialmanagement in Kita und Kindergarten. Herder, Freiburg

Fischer-Epe M, Epe C (2012) Selbstcoaching. Hintergrundwissen, Anregungen und Übungen zur persönlichen Entwicklung. Rowohlt, Hamburg

Franz M (2014) Werte – Themenkarten für Teamarbeit. Elternabende und Seminare. Don Bosco, München

Friederich T (2011) Zusammenarbeit mit Eltern –Anforderungen an frühpädagogische Fachkräfte. Eine Expertise der Weiterbildungsinitiative Frühpädagogische Fachkräfte (WiFF). http://www.Weiterbildungsinitiative.de/publikationen/eltern/details-zusammennarbeit-mit eltern/artikel/zusammenarbeit-mit-eltern-anforderungen-an-fruehpaedagogische-fachkraefte.html. Zugegriffen: 29. Aug. 2013

Fröhlich-Gildhoff K, Nentwig-Gesemann I, Neuß N (Hrsg) (2014) Forschung in der Frühpädagogik VII. FEL, Freiburg

Gaschler G, Gaschler F (2007) Ich will verstehen, was Du wirklich brauchst. Gewaltfreie Kommunikation mit Kindern. Das Projekt Giraffentraum. Kösel, München

Gellert F (Hrsg) (2014) Kita-Leitung, Checklisten, Textvorlagen. Walhalla, Regensburg

Gerspach M (2007) Vom szenischen Verstehen zum Mentalisieren. Notwendige Ergänzungen fürs pädagogische Handeln. In: Eggert-Schmid NA, Finger-Trescher U, Pforr U (Hrsg) Frühe Beziehungserfahrungen. Die Bedeutung primärer Bezugspersonen für die kindliche Entwicklung. Psychosozial-Verlag, Gießen, S 261–307

Gloger-Tippelt G (2010) Kindheit und Bildung. In: Tippelt R, Schmidt B (Hrsg) Handbuch Bildungsforschung. VS Verlag, Wiesbaden, S 627–640

Göhlich M (2011) Reflexionsarbeit als pädagogisches Handlungsfeld. Zeitschrift für Pädagogik 57:138–152

Gordon T (1989) Familienkonferenz. Heyne, München

Gordon T (2002) Die neue Beziehungskonferenz. Heyne, München

Grüner H (2014) Ab heute Kitaleitung! Alle Herausforderungen der neuen Position schnell und sicher meistern. Auer, Augsburg

Gut J, Kühne-Eisendle M (2014a) Bildbar – Das Kartenset: 50 Karten zum Arbeiten mit Bildern im Coaching, Training, in der Aus- und Weiterbildung. Therapie und Supervision. managerSeminare, Bonn

Gut J, Kühne-Eisendle M (2014b) Bildbar. 100 Methoden zum Arbeiten mit Bildern und Fotos im Coaching, Training, in der Aus- und Weiterbildung, Therapie und Supervision. managerSeminare, Bonn

Gutknecht D (2010) Professionelle Responsivität. Ein hochschulbezogenes Ausbildungskonzept für den frühpädagogischen Arbeitskontext U3. Dissertation, Pädagogische Hochschule, Heidelberg. d-nb.info/1008380415/34. Zugegriffen: 03. Sept. 2013

Haberleitner E, Deistler E, Ungvari R (2009) Führen, Fördern, Coachen. So entwickeln Sie die Potenziale Ihrer Mitarbeiter. Piper, München

Hackman JR, Oldham GR (1976) Motivation through the design of work: test of a theory. Organ Behav Hum Perform 16(2):250–279

Harris R (2013) Wer vor dem Schmerz flieht, wird von ihm eingeholt. Unterstützung in schwierigen Zeiten. ACT in der Praxis. Kösel, München

Harris T (1973) Ich bin o. k. Du bist o. k. Wie man über seinen Schatten springen lernt. Rowohlt, Hamburg

Harwardt-Heinecke E, Ahnert L (2013) Bindungserfahrungen in Kindergarten und Schule in ihrer Wirkung auf die Schulbewährung – Zusammenfassende Ergebnisse aus der BSB-Studie. Zeitschrift für Pädagogik 59(6):817–825

Hauenschild K, Robak S, Sievers S (Hrsg) (2013) Diversity Education. Zugänge – Perspektiven – Beispiele. Brandes & Apsel, Frankfurt

Heite C (2008) Soziale Arbeit im Kampf um Anerkennung. Professionstheoretische Perspektiven. Juventa, Weinheim

Herzberg F (1968) One more time. How do you motivate employees? Harvard Bus Rev 46(1):53–62

Holmes T, Holmes L (2014) Reisen in die Innenwelt. Systemische Arbeit mit Persönlichkeitsanteilen. Kösel, München

Honneth A (1992) Kampf um Anerkennung. Zur moralischen Grammatik sozialer Konflikte. Suhrkamp, Frankfurt a. M.

Hopkins J (1996) The dangers and deprivations of too-good mothering. J Child Psychother 22(3):407–422

Hugoth M (Hrsg) (2014) Jahrbuch Kita-Leitung 2014. Deutscher Kitaleitungskongress. Carl Link, Kronach

Hujala E, Waniganayake M, Rodd J (Hrsg) (2013) Researching leadership in early childhood education. Tampere University Press, Tampere

Iding D (2012) Der kleine Achtsamkeitscoach. Gräfe & Unzer, München

Isfort M, Fuchs-Frohnhofen P, Wappenschmidt-Krommus E, Duisberg M, Neuhaus A, Rottländer R, Brauckmann A, Bessin C (2012) Wertschätzung in der Pflege und für die Pflege systematisch fördern – das Projekt PflegeWert. In: Reichwald R, Frenz M, Hermann S, Schipanski A (Hrsg) Zukunftsfeld Dienstleistungsarbeit. Professionalisierung – Wertschätzung – Interaktion. Springer, Wiesbaden, S 588–607

Jungmann T, Reichenbach C (2011) Bindungstheorie und pädagogisches Handeln. Ein Praxisleitfaden. Borgmann Media, Dortmund

Juul J (2006) Nein aus Liebe. Klare Eltern – starke Kinder. Kösel, München

Kaiser S, Ringlstetter MJ (Hrsg) (2010) Work-Life Balance. Erfolgsversprechende Konzepte und Instrumente für Extremjobber. Springer, Berlin

Kalicki B (2010) Spielräume einer Erziehungspartnerschaft von Kindertageseinrichtung und Familie. Zeitschrift für Pädagogik 56:193–205

Kaltenbach K (2008) Kita im Wandel – Neue Anforderungen an Leitungskräfte von Tageseinrichtungen für Kinder. VDM, Saarbrücken

Kauschat I, Schulze B (2014) Das große Praxisbuch zum wertschätzenden Miteinander: 101 Übungen zur Inspiration Ihrer Seminare und Gruppen auf Basis der Gewaltfreien Kommunikation. Books on Demand, Norderstedt

Klaffke M (Hrsg) (2014) Generationen-Management: Konzepte, Instrumente. Good-Practice-Ansätze. Springer Gabler, Wiesbaden

Klug W (2013) Erfolgreiches Kita-Management: Unternehmens-Handbuch für LeiterInnen und Träger von Kitas. Reinhardt, München

König A, Leu HR, Viernickel S (Hrsg) (im Druck) Perspektive Frühe Bildung. Frühpädagogik im Aufbruch. Beltz Juventa, Weinheim

Koch B (Hrsg) (2014) Handbuch Kindergartenleitung. Das ABC für Führungskräfte in der Elementarpädagogik. KiTa aktuell, Wien

Krause M, Schreyer I, Brandl M, Nicko O (2014) Auswirkungen von Arbeitsbedingungen auf Arbeitszufriedenheit, Commitment und Fluktuationsneigung bei Kita-Mitarbeiter/innen – Ausgewählte Ergebnisse der AQUA-Studie. In: Fröhlich-Gildhoff K, Nentwig-Gesemann I, Neuß N (Hrsg) Forschung in der Frühpädagogik VII. FEL, Freiburg, S 81–100

Krenz A (2001) Teamarbeit und Teamentwicklung. Grundlagen und praxisnahe Lösungen für eine effiziente Zusammenarbeit. Verlag gruppenpädagogischer Literatur, Wehrheim

Krone A (2003) Spezifische Emotionen im Leistungskontext: Freude und Ärger bei Leistungsrückmeldungen. In: Homburg KC, Holling H (Hrsg) Innovative Personal- und Organisationsentwicklung. Hogrefe, Göttingen, S 249–265

Laudenbach P (2008) Der tödliche Cocktail. brand eins. Wirtschaftsmagazin 10(9):80–85

Leipold B (2012) Lebenslanges Lernen und Bildung im Alter. Kohlhammer, Stuttgart

Lorenzer A (1970) Sprachzerstörung und Rekonstruktion. Vorarbeiten zu einer Metatheorie der Psychoanalyse. Suhrkamp, Frankfurt a. M.

Mandl H (2011) Implizites Wissen explizit machen. KM-Journal 3. http://www.km-a.at/kmjournal/Pages/Mandl_ImplizitesWissenexplizitmachen.aspx. Zugegriffen: 3. Sept. 2013

Maslow A (1968) Toward a psychology of being. Van Nostrand, New York

Matyssek AK (2011) Wertschätzung im Betrieb: Impulse für eine gesündere Unternehmenskultur. Books on Demand, Norderstedt

Mayer D, Beckh K, Berkic J, Becker-Stoll F (2013) Erzieherin-Kind-Beziehungen und kindliche Entwicklung: Der Einfluss von Geschlecht und Migrationshintergrund. Zeitschrift für Pädagogik 59(6):803–816

Meibom B (2012) Wertschätzung in der Kommunikation: Verbundenheit – Alte und neue Sehnsucht. In: Anda B, Endrös S, Kalka J, Lobo S (Hrsg) SignsBook – Zeichen setzen in der Kommunikation. Springer, Wiesbaden, S 127–138

Meyer S, Bahr S, Hoffmann H, Nolte D, Stalder UM (2014) Berufserfahrung als Ressource? In: König A, Leu HR, Viernickel S (Hrsg) Forschungsperspektiven auf Professionalisierung in der Frühpädagogik. Beltz Juventa, Weinheim

Möller JC, Schlenther-Möller E (2012) Kita-Leitung. Leitfaden für Qualifizierung und Praxis. Cornelsen, Berlin

Mohr N, Büning N, Hess U, Fröbel A (Hrsg) (2010) Herausforderung Transformation. Theorie und Praxis. Springer, Berlin

Nagel-Prinz SM, Paulus P (2012) Wie geht es Kita-Leitungen? Gesundheitliche Belastungen von Führungskräften in Kindertageseinrichtungen. Prävention und Gesundheitsförderung 7:127–134

Nagel-Prinz SM, Paulus P (2013) Komplexe (!) und gesunde (?) Managementanforderungen in Kindertageseinrichtungen. Kita aktuell 1:14–16

Nentwig-Gesemann I (2007) Forschende Haltung. Professionelle Schlüsselkompetenz von FrühpädagogInnen. Sozial Extra 5(6):20–22

Nentwig-Gesemann I, Fröhlich-Gildhoff K, Harms H, Richter S (2012) Professionelle Haltung – Identität der Fachkraft für die Arbeit mit Kindern in den ersten drei Lebensjahren. Weiterbildungsinitiative Frühpädagogische Fachkräfte. WiFF Expertise, Bd 24. München. http://www.weiterbildungsinitiative.de/uploads/media/WiFF_Expertise_Nentwig-Gesemann.pdf. Zugegriffen: 26. Febr. 2016

Nerdinger F, Blickle G, Schaper N (2014) Arbeits- und Organisationspsychologie, 3. Aufl. Springer, Heidelberg

Neuss N, Zeiss J (2013) Biografiearbeit als Bestandteil von Professionalisierung. Die eigene Kindheit ins Bewusstsein rücken. Theorie und Praxis der Sozialpädagogik 1:22–25

Neuweg HG (2002) Lehrerhandeln und Lehrerbildung im Lichte des Konzepts des impliziten Wissens. Zeitschrift für Pädagogik 48(1):10–29

Nittel D, Schütz J, Tippelt R (Hrsg) (2014) Pädagogische Arbeit im System lebenslangen Lernens – Ergebnisse komparativer Berufsgruppenforschung. Beltz, Weinheim

Nübold A, Maier GW (2012) Führung in Zeiten des demografischen Wandels. In: Grote S (Hrsg) Die Zukunft der Führung. Springer, Berlin

OECD (2012) Starting strong III. a quality toolbox for early childhood education and care. OECD Publishing, Paris Cedex. doi:10.1787/9789264123564-en

Ott B, Rainer K, Ott-Hackmann H, Hinrichsen S (2007) Die systemische Kita. Das Konzept und seine Umsetzung. verlag das netz, Berlin

Otte U (2015) Kitastreik: Mehr Wertschätzung, bitte. Westfälische Nachrichten vom 10(5):2015

Polanyi M (1985) Implizites Wissen. Suhrkamp, Frankfurt a. M.

Preiß C (2013) Bildung, Betreuung und Erziehung in der Einwanderungsgesellschaft. Hintergründe und bildungspolitische Ansätze., WiFF-Expertisen (Bd 31) Deutsches Jugendinstitut, München

Prengel A (2006) Pädagogik der Vielfalt: Verschiedenheit und Gleichberechtigung in Interkultureller. Feministischer und Integrativer Pädagogik. VS Verlag, Wiesbaden

Prüver M (2015) 55 Fragen und 55 Antworten: Leitung von Kitas. Cornelsen, Berlin

Rabe-Kleberg U (2006) Mütterlichkeit und Profession – oder: Mütterlichkeit, eine Achillesferse der Fachlichkeit? In: Diller A, Rauschenbach T (Hrsg) Reform oder Ende der Erzieherinnenausbildung. Beiträge zu einer kontroversen Fachdebatte. Verlag Deutsches Jugendinstitut, München, S 95–109

Richter C (2015) Kita-Mitarbeiter an der Belastungsgrenze. Deutschlandfunk vom 7(5):2015

Rösch C, Schmid H, Wettstein F (2012) Wertschätzung. Entwicklung und Prüfung eines Erhebungsinstruments. Zeitschrift für soziale und sozialverwandte Gebiete 2:50–57

Rodd J (2012) Leadership in early childhood. Open University Press, Buckingham

Rogers C (1972) Die nicht-direktive Beratung. Counseling and Psychotherapy. Kindler, Frankfurt a. M.

Rosenberg M (2010) Gewaltfreie Kommunikation. Eine Sprache des Lebens, 9. Aufl. Junfermann, Paderborn

Rosenstiel L, Nerdinger F (2011) Grundlagen der Organisationspsychologie. Basiswissen und Anwendungshinweise, 7. Aufl. Schäffer-Poeschel, Stuttgart

Rudolph B (2012) Das Berufsbild der Erzieherinnen und Erzieher im Wandel – Zukunfts-perspektiven zur Ausbildung aus Sicht der Fachschulleitungen, WiFF-Studien (Bd 14) Deutsches Jugendinstitut, München

Salzberger-Wittenberg I (Hrsg) (1997) Die Pädagogik der Gefühle. Emotionale Erfahrun-gen beim Lernen und Lehren. WUV, Wien

Schneewind J, Böhmer N, Granzow M, Lattner K (2012) Abschlussbericht des Forschungs-projektes „Studie zur Kompetenz und Zufriedenheit von Erzieherinnen in Niedersach-sen". Universität Osnabrück, Osnabrück

Schreyer I, Krause M, Brandl M, Nicko O (im Druck). Arbeitsplatz Kita: Zwischen Enga-gement und Verausgabung – Ausgewählte Ergebnisse der bundesweiten AQUA-Studie. In: König A, Leu HR, Viernickel S (Hrsg) Perspektive Frühe Bildung. Frühpädagogik im Aufbruch. Beltz Juventa, Weinheim

Schreyer I, Krause M, Brandl M, Nicko O (2014) AQUA – Arbeitsplatz und Qualität in Kitas. Ergebnisse einer bundesweiten Befragung. Staatsinstitut für Frühpädagogik, München

Schreyer I, Krause M, Brandl M, Nicko O (2015) Arbeitsbedingungen, Arbeitszufrieden-heit und das Auftreten von beruflichen Gratifikationskrisen bei Kita-Mitarbeiter/innen in Deutschland. Frühe Bildung 4:71–82

Schütze F (1983) Biographieforschung und narratives Interview. Neue Praxis 13(3):283–293

Schütz J (2009) Pädagogische Berufsarbeit und Zufriedenheit. Eine bildungsbereichüber-greifende Studie. WBV, Bielefeld

Schuett S (2014a) Demografie-Management in der Praxis: Mit der Psychologie des Alterns wettbewerbsfähig bleiben. Springer, Berlin

Schuett S (2014b) Führung im demografischen Wandel: Ein Leitfaden für Führungskräfte und Personalmanager. Springer, Berlin

Schwede J, Dörnbrack C, Reiber-Gamp U (2011) Arbeits- und Gesundheits-schutz in Kin-dertageseinrichtungen. Carl Link, Kronach

Sellin R (2014) Bis hierher und nicht weiter. Wie Sie sich zentrieren, Grenzen setzen und gut für sich sorgen. Kösel, München

Semmer NK, Jacobshagen N (2003) Selbstwert und Wertschätzung als Themen der arbeits-psychologischen Stressforschung. In: Hamborg KC, Holling H (Hrsg) Innovative Perso-nal- und Organsiationsentwicklung. Hogrefe, Göttingen, S 131–155

Siegrist J (2006) Work, health and welfare: new challenges. Int J Soc Welf 15:5–12

Siller G (2008) Professionalisierung durch Supervision. Perspektiven im Wandlungsprozess sozialer Organisationen. VS Verlag, Wiesbaden

Siraj I (2013) Effective and caring leadership in the early years. Sage, London

Six B, Felfe J (2004) Einstellungen und Werthaltungen im organisationalen Kontext. In: Schuler H (Hrsg) Organisationspsychologie 1 – Grundlagen und Personalpsychologie. Enzyklopädie der Psychologie (Bd D III 3). Hogrefe, Göttingen, S 597–672

Skalla S (2015) Handbuch für die Kita-Leitung. Carl Link, Kronach

Stamer-Brandt P, Tofern F (2013) Leitungswissen Kita. Herder, Freiburg

Stamm M, Edelmann D (2013) Handbuch frühkindliche Bildungsforschung. Springer VS, Wiesbaden

Stewart I, Joines V (2015) Die Transaktionsanalyse. Eine Einführung. Herder, Freiburg

Stiftung B (2014) Qualitätsausbau in Kitas: Status quo, Handlungsbedarfe und Empfehlungen. Suhrkamp, Gütersloh

Streeck U (2013) Implizites Beziehungswissen. Psychotherapeut 58(2):143–151

Strehmel P (2010) Gesundheitsförderliche Führung und Teamleitung bei K!GG. Kita spezial (Sonderausgabe) 3:26–30

Strehmel P (2011) Nicht nur mehr Männer – mehr Menschen in Kitas! Strategien gegen den Fachkräftemangel im System der Kindertagesbetreuung. Standpunkt: sozial 11(2+3):137–143

Strehmel P (2015) Leitung erledigt sich nicht nebenbei: Expertise zur Leitung von Kindertageseinrichtungen. Betrifft KINDER 4:6–11

Strehmel P, Ulber D (2013) Nachhaltige Personal- und Organisationsentwicklung durch Weiterbildung. Das Projekt IMPROVE. Standpunkt: sozial 1:100–111

Strehmel P, Ulber D (2014) Leitung von Kindertageseinrichtungen. WiFF-Expertisen (Nr 39). WiFF, München

Tergeist G (2015) Führen und leiten in sozialen Einrichtungen. Balance Buch + Medien, Köln

Textor M (2011) Gefühle als Grundlage des Zusammenlebens. Die emotionale Entwicklung fördern. Klein & gross 64(9):52–55

Thole W (2010) Die pädagogischen Mitarbeiter/-innen in Kindertageseinrichtungen. Professionalität und Professionalisierung eines pädagogischen Arbeitsfeldes. Zeitschrift für Pädagogik 56(2):206–222

Tippelt R (2010) Demografischer Wandel und das Lernen Älterer. In: Wolter A, Wiesner G, Koepernik C (Hrsg) Der lernende Mensch in der Wissensgesellschaft – Perspektiven lebenslangen Lernens. Beltz Juventa, Weinheim, S 35–52

Tippelt R, Schmidt B (2010) Handbuch Bildungsforschung, 3. Aufl. VS Verlag, Wiesbaden

Trescher HG (1985) Theorie und Praxis der Psychoanalytischen Pädagogik. Matthias Grünewald, Mainz

Vereinigung der Bayerischen Wirtschaft e. V. (Hrsg) (2012) Professionalisierung in der Frühpädagogik. Qualifikationsniveau und -bedingungen des Personals in Kindertagesstätten. Gutachten. Waxmann, Münster

Viernickel S (2012) Krippen im Spiegel der Wissenschaft: Diskurslinien und Forschungsfragen. In: Viernickel S, Edelmann D, Hoffmann H, König A (Hrsg) Krippenforschung. Methoden, Konzepte, Beispiele. Reinhardt, München, S 15–23

Viernickel S, Fuchs-Rechlin K, Strehmel P, Preissing C, Haug-Schnabel G, Bensel J (2015) Qualität für alle. Wissenschaftlich begründete Standards für die Kindertagesbetreuung. Herder, Freiburg

Viernickel S, Mauz E, Schumann M, Voss A (2014) Abschlussbericht: STEGE „Strukturqualität und Erzieher/innengesundheit in Kindertageseinrichtungen". http://www.ash-berlin.eu/fileadmin/user_upload/pdfs/Infothek/Presse_ und_%C3%96ffentlichkeitsarbeit/Pressemitteilungen/STEGE_Abschlussbericht.pdf. Zugegriffen: 22. Jan. 2014

Viernickel S, Nentwig-Gesemann I, Nicolai K, Schwarz S, Zenker L (2013) Schlüssel zu guter Bildung, Erziehung und Betreuung. Bildungsaufgaben, Zeitkontingente und strukturelle Rahmenbedingungen in Kindertageseinrichtungen. Forschungsbericht, Berlin

Vogel G (2013) Selbstcoaching konkret. Ein Praxisbuch für soziale, pädagogische und pflegerische Berufe. Reinhardt, München

Wahl J, Meyer N (2015) ErzieherInnen wollen nicht nur (mehr) Geld. http://ErzieherIn.de. Zugegriffen: 16. Juli 2015

Weinert A (2004) Organisations- und Personalpsychologie, 5. Aufl. Beltz, Weinheim

Wertfein M, Müller K, Danay K (2013) Die Bedeutung des Teams für die Interaktionsqualität in Kinderkrippen. Frühe Bildung 2(1):20–27

Wettstein F (2011) Wertschätzung – Ressource für eine psychische und soziale Gesundheit, Konzept Entwicklung und Forschung. Fachhochschule Nordwestschweiz, Olten

Wildgruber A, Becker-Stoll F (2011) Die Entdeckung der Bildung in der Pädagogik der frühen Kindheit – Professionalisierungsstrategien und -konsequenzen. Zeitschrift für Pädagogik 57:60–76

Wininger M (2012) „Reflection on action" im Dienst pädagogischer Professionalisierung. Psychoanalytisch-pädagogische Überlegungen zur Vermittlung sonderpädagogischer Kompetenzen an Hochschulen. In: Datler W, Finger-Trescher U, Gstach J (Hrsg) Psychoanalytisch-pädagogisches Können. Psychosozial-Verlag, Gießen, S 53–80

Winterhoff M (2008) Warum unsere Kinder zu Tyrannen werden. Oder: Die Abschaffung der Kindheit. Gütersloher Verlagshaus, Gütersloh

Wolfs M (2015) Die Mischung macht's! Über Vielfalt in Kita-Teams, neue Herausforderungen und mögliche Lösungsansätze. Welt des Kindes 1:16–20

Zwack M, Muraitis A (2013) Wertschätzung im Betrieb: Weshalb sie oft vermisst wird und mögliche Beiträge zu ihrem Zustandekommen. In: Schweitzer J, Bossmann U (Hrsg) Systematisches Demografiemanagement. Wie kommt Neues zum Älterwerden ins Unternehmen? Springer VS, Wiesbaden, S 87–105

Printed in the United States
By Bookmasters